FUTEBOL DE A a Z

REFLEXÕES E CONSIDERAÇÕES

A Federação das Câmaras Portuguesas de Comércio no Brasil, entende que é crucial reconhecer a significância de pontos de convergência no futebol, fortalecendo laços entre Brasil e Portugal. Este livro oferece uma ponte essencial, enriquecendo o diálogo e promovendo uma relação mais sólida e efetiva entre dois territórios que ainda não traduzem em efetividade tudo o que a afetividade impulsiona e promete colaborar em sua construção.

Carlos Alberto Lopes
Presidente da Federação das Câmaras Portuguesas de Comércio no Brasil

Catalogação na Fonte
Elaborado por: Dayanne Leal Souza
Bibliotecária CRB 9/2162

C146f
2024

Caldeira, Caio Rodrigues
Futebol de A a Z: reflexões e considerações / Caio Rodrigues Caldeira. - 1. ed. - Curitiba: Appris, 2024.
133 p. ; 23 cm. - (Coleção Direito e Constituição).

Inclui referências.
ISBN 978-65-250-6750-6

1. Futebol. 2. Educação. 3. Esporte. I. Caldeira, Caio Rodrigues. II. Título. III. Série.

CDD - 796

Livro de acordo com a normalização técnica da ABNT

Appris editora

Editora e Livraria Appris Ltda.
Av. Manoel Ribas, 2265 - Mercês
Curitiba/PR - CEP: 80810-002
Tel. (41) 3156 - 4731
www.editoraappris.com.br

Printed in Brazil
Impresso no Brasil

Caio Rodrigues Caldeira

FUTEBOL DE A a Z

REFLEXÕES E CONSIDERAÇÕES

Appris
editora

Curitiba, PR
2024

Aos meus pais, meu irmão e toda minha família,
pelo amor e apoio a mim sempre dispensados.

AGRADECIMENTOS

Agradeço ao amigo Carlos Alberto Lopes, presidente da Federação das Câmaras Portuguesas do Brasil e diretor da Sabseg no Brasil, responsável por viabilizar esta obra.

Agradeço, especialmente, a todos os profissionais do futebol que concederam as entrevistas em *live*, proporcionando um excelente conteúdo para esta publicação.

Por fim, mas não menos importante, ao professor Israel Teoldo, uma das maiores referências do futebol brasileiro, pela mentoria e orientação dêste trabalho.

"No futebol, o pior cego é o que só vê a bola"

Nelson Rodrigues

CARTA DO PATROCINADOR

A SABSEG Seguros é a maior corretora de seguros de Portugal. Fundada em 1999, está presente, com 40 escritórios próprios, em Portugal, tendo também escritórios no Brasil, em Angola e em Moçambique. Emprega mais de 300 colaboradores, gere anualmente mais de 350 milhões de euros em prémios de seguro e conta com mais de 230.000 clientes particulares e empresariais. Ao longo dos anos, temos construído uma sólida reputação no mercado de seguros, baseado na capacidade de oferecer produtos personalizados e um serviço de excelência. Com uma equipe de profissionais altamente qualificados e uma vasta experiência no setor, destacamo-nos pela nossa abordagem centrada no cliente, procurando compreender as necessidades individuais de cada um e oferecendo soluções sob medida para garantir a sua proteção.

Conscientes do papel de empresa responsável e socialmente consciente, procuramos apoiar iniciativas e projetos, em várias áreas, que promovam o bem-estar e o desenvolvimento sustentável da sociedade, mantendo o nosso compromisso em fazer a diferença de forma positiva na vida das pessoas e da comunidade em geral.

Uma das áreas é a educação, pois acreditamos que ela é um pilar fundamental para o crescimento e desenvolvimento de um país. Apoiamos projetos e instituições que têm como objetivo melhorar a qualidade da educação, oferecendo oportunidades de aprendizado e desenvolvimento para crianças e jovens.

Estamos também comprometidos com a promoção da saúde e do bem-estar através do apoio a iniciativas que visam melhorar a qualidade de vida das pessoas, seja através da prevenção de doenças, do acesso a serviços de saúde de qualidade ou da promoção de hábitos saudáveis.

Outra área em que procuramos contribuir é para a proteção do meio ambiente. Reconhece a importância da sustentabilidade e estamos empenhados em reduzir o nosso impacto ambiental, promovendo práticas sustentáveis e conscientes em relação ao meio ambiente.

Por fim, a SABSEG também está envolvida em iniciativas sociais que visam ajudar e apoiar comunidades desfavorecidas. Acreditamos na importância de promover a inclusão social e de contribuir para a redução das desigualdades e para o fortalecimento das comunidades mais vulneráveis. Como tal o desporto e em especial o futebol seja profissional ou amador fazem parte do ADN da SABSEG.

Neste sentido e refletindo este compromisso de apoiar a sociedade onde nos inserimos, apoiamos diversas iniciativas no desporto que visem esse objetivo nas quais se enquadra este livro, que fala sobre futebol nos mais diversos ângulos. Considero que o Caio conseguiu capturar de forma brilhante a essência do desporto mais popular do mundo abordando temas importantes fazendo uma análise profunda sobre o impacto social do futebol. Parabéns ao autor por criar uma obra informativa importante não apenas para os fãs do Futebol, mas para qualquer pessoa interessada em entender a importância deste desporto na nossa sociedade

Miguel Machado
Presidente do Conselho de administração
SABSEG Seguros

APRESENTAÇÃO

Ao longo dos últimos anos, principalmente durante a pandemia, pude realizar, por meio do FutClass – Academia do Futebol, mais de 100 *lives* com profissionais diversos do futebol.

Desde muito novo, quando percebi que poderia estudar futebol, entreguei-me de corpo e alma para esse universo apaixonante, realizando vários cursos, bem como participação em eventos e congressos.

Com o passar do tempo, percebendo as principais angústias e desafios do setor, passei também a acreditar que poderia colaborar, mesmo que de forma mínima, com a evolução da indústria. Assim, desenvolvi o FutClass, evento organizado semestralmente em universidades, em que uma mesa redonda composta por profissionais do futebol se reúne para discussões acadêmicas sobre diversos assuntos.

O evento foi um sucesso até que enfrentamos todos um grande Cisne Negro em nossas vidas: a pandemia. Inquieto, fui para a internet, através das redes sociais, conversar com as pessoas e produzir conteúdo. Nas mais diversas *lives*, conversamos sobre tudo: tática, treino, gestão, direito desportivo, marketing, entre outros temas.

Lançamos, ainda em 2020, pelo FutClass, um e-book com uma coletânea de alguns dos assuntos discutidos nas *lives*. Na altura, tivemos a brilhante ajuda e participação do amigo Pedro Botelho, então acadêmico de direito da PUC-Minas.

Agora, passado um tempo, resolvi ampliar a coletânea, abrangendo lives não incluídas na obra anterior e, assim, ampliando os assuntos abordados. Espero que desfrutem de uma leitura leve e dinâmica, mas que possa fomentar ainda mais o debate de ideias no futebol.

O livro é separado em capítulos de acordo com a temática central do assunto abordado. Assim, fazemos uma relação do assunto com aquilo que foi dito pelos entrevistados, sendo um livro mais jornalístico do que exatamente opinativo por parte do autor.

Todas as aspas utilizadas são referentes às *lives* com os respectivos convidados, que compõem a principal fonte de redação desta obra. Foram transcritas todas as *lives*, com a maior proximidade possível, depois selecionados os principais assuntos e, enfim, agregados ao texto principal.

Este livro não tem a intenção de esgotar qualquer tópico ou simplificá-lo com base apenas nas informações aqui apresentadas. Em vez disso, sua verdadeira finalidade é ser uma valiosa fonte de reflexão para aqueles que desejam obter uma compreensão abrangente do futebol, levando em conta as diversas influências que o afetam diariamente.

Algumas das *lives* contaram com a intermediação dos meus queridos amigos e coidealizadores de FutClass, Davidson Malacco e Guilherme Magno, a quem agradeço profundamente a colaboração.

Alguns dos profissionais entrevistados nas *lives*, atualmente, já não estão na mesma função ou cargo que ocupavam à época (aliás, a rotatividade é uma característica do nosso futebol). Portanto, a menção dos mesmos foi feita, prioritariamente, na qualidade da ocupação atual. Eventualmente, optei por colocar a situação que se verificava no momento da entrevista.

Seguimos nosso lema: transformar o futebol pela educação e transformar a educação pelo futebol.

Um grande abraço e ótima leitura!

Caio Rodrigues Caldeira

PREFÁCIO I

Caio Caldeira é aquele que podemos nominar "a mente inquieta". Um jovem talentoso e instruído, que se apaixonou pelo futebol e tem ido fundo na investigação dos vários segmentos que compõem a magia desse esporte no Brasil e no mundo.

O Jogo, o Treino, a Gestão, o Marketing, o Business, o Direito Esportivo, dentre outros assuntos, têm sido temas de investigação que o ocupam já há alguns anos.

Facilmente se relaciona com várias personalidades do futebol e em parcerias interessantes promove debates, bate-papos e workshops instrutivos sobre a engrenagem desse esporte no Brasil.

O mais interessante é que Caio Caldeira se aprofunda no conhecimento das áreas debatidas e cresce a olhos vistos como grande conhecedor do futebol. Hoje já é uma referência importante dentre os mineiros do futebol. Parece ser um profissional do futebol com vários anos de experiência.

Futebol de A a Z: Reflexões e Considerações é mais um de seus projetos que traz conteúdo refinado e instrutivo, de fácil entendimento e com o aval de profissionais gabaritados do meio.

Bem ao seu estilo, não perde tempo nos debates sobre o futebol. Explorou a riqueza de assuntos discutidos nos encontros promovidos e os compilou em um interessante livro que "vai de A a Z" nos ensinamentos sobre futebol, brasileiro principalmente.

Caio Caldeira alimenta-se dos conhecimentos que absorve no futebol, cria e expõe conteúdo crítico sobre assuntos importantes ao desenvolvimento desse esporte no Brasil. São críticas sempre muito fundamentadas e com grande poder de transformação.

Futebol de A a Z vai interessar a todos os desportistas nacionais brasileiros, de profissionais da área a meros simpatizantes do esporte. Será, sem dúvidas, leitura obrigatória para o aprendizado esportivo do nosso país.

Ricardo Drubscky

Treinador e diretor de Futebol com passagens por Cruzeiro, Fluminense, Goiás, Sport Recife, América Mineiro, Atlético Mineiro, entre outros tantos. Autor do livro Universo Tático do Futebol.

PREFÁCIO II

Honrado com o convite do competente amigo Caio Caldeira para prefaciar o livro *Futebol de A a Z: Reflexões e Considerações*, e podendo assegurar que esta obra certamente representará uma contribuição significativa para a sedimentação de novos paradigmas sobre temas transversais do cenário contemporâneo do futebol.

É cediço que a humanidade vem consumindo informações atualmente, numa velocidade ímpar, muito mais do que havia conquistado durante todo o tempo evolutivo da civilização mundial. Nesse sentido, não há como se deixar de reconhecer que, apesar da constante capacidade de se reinventar, por meio da dinâmica acadêmica e pragmática, o mundo do futebol encontra-se num ponto de inflexão, evolução e abalos de suas certezas.

As perspectivas trazidas por esta obra são bem mais amplas e completas do que muitas outras publicadas sobre o assunto, tendo em vista que a diversa formação do autor tem o condão de enriquecer sobremaneira as suas pesquisas, pois, com o mérito de tão jovem já ser graduado e pós-graduado da ciência desportiva, oferecendo nas páginas que seguem, uma dimensão lídima sobre marcos teóricos, históricos e técnicos pertinentes aos universos cognitivos do futebol.

A análise contextualizada de vários casos concretos é um diferencial, que avulta a construção de reflexões críticas no horizonte dos grandes eixos das demandas do mundo do futebol, que oscilam entre caminhos diametralmente opostos, dissociados no paradoxo de um descompasso evidente entre os interesses, por um lado dos Clubes em busca da ampliação de mercado e, por outro, dos atletas e demais partícipes de apaixonado mundo do futebol.

Por essas razões, entre outras que se desvelam no conteúdo didático e instigante deste livro, é com orgulho e grata satisfação que apresento e recomendo a presente obra. Boa leitura a todas e a todos!

Davidson Malacco

Mestre em Direito do Trabalho, especialista em Direito Desportivo (PUC-MG); advogado trabalhista, professor da PUC-MG, sócio e diretor Jurídico Trabalhista do Ferreira e Chagas Advogados. Sócio fundador do FutClass – Academia do Futebol.

PREFÁCIO III

Há quase 10 anos, lancei, com os professores Júlio Garganta e José Guilherme, o livro intitulado *Para um futebol jogado com ideias: Conceito, Treinamento e Avaliação do Desempenho Tático de Jogadores e Equipes*.

Naquela época, lançar um livro técnico que abordasse a temática da tática era um grande desafio, especialmente no contexto brasileiro, uma vez que muitas editoras não tinham experiência nesse tipo de publicação e outras acreditavam que não havia espaço para esse tipo de literatura no Brasil. A crença dos editores assentava-se no histórico de poucas obras publicadas dessa natureza e as que existiam tratavam mais de autobiografias e tinham, segundo eles, baixa adesão junto ao público brasileiro e, por consequência, pouco apelo social e comercial.

Diante desse contexto de indagações sobre a aceitação do livro por parte dos profissionais, sobretudo brasileiros, e do impacto da obra para a sociedade (uma obra que não é lida, não chega à sociedade), os professores Júlio Garganta e José Guilherme e eu nos propusemos a escrever uma obra que pudesse ser útil tanto para aqueles profissionais que possuíam grande bagagem prática (ex-atletas) quanto para profissionais que advinham do âmbito acadêmico (universitários). Além disso, tentamos fazer um livro que não fosse somente uma obra que abordasse as principais evoluções do futebol até aquele momento, mas que, substancialmente, também apresentasse ideias (caminhos) para o futuro. Assim, juntamos em um único livro uma proposta inovadora que se encaixou em uma lacuna da literatura internacional no que diz respeito ao processo de treinamento e à avaliação do comportamento tático sustentado pelo mesmo pressuposto teórico.

Após o lançamento, e para a surpresa de muitas editoras e editores, a obra foi muito bem recebida pelo público e passou a fazer parte da ementa de várias disciplinas nos cursos de graduação em Educação Física nas Universidades e também do currículo de formação de treinadores através, especialmente, das licenças de treinadores promovidas pela CBF, Conmebol e Federação Portuguesa de Futebol.

Ao longo dos anos, esse livro alcançou o status de best-seller da área e está publicado nas maiores editoras do mundo de línguas inglesa e espanhola, permitindo que as ideias cheguem a mais pontos do planeta. Assim, para além do marco para a sociedade brasileira, esse livro trouxe algumas "ideias" que hoje são realidades em vários clubes e projetos de futebol no Brasil e em todo mundo. Ou seja, o espaço onde pairavam dúvidas se o público brasileiro teria perfil e se gostaria de "consumir" esse tipo de literatura, deu lugar para um cenário de certeza e de confiança que o profissional de futebol no Brasil é um profissional estudioso e exigente que busca se capacitar a todo momento com as melhores informações que impactam sua prática profissional cotidiana.

Após esse marco, vimos a literatura nacional se ampliar consideravelmente e contribuir com o desenvolvimento do futebol brasileiro. Nesse atual cenário de expansão, considero que este livro escrito pelo Caio Caldeira e que conta com a participação de importantes profissionais do Brasil, tem um papel fundamental para auxiliar no desenvolvimento do futebol brasileiro. Ao longo da obra, você leitor irá se deleitar com a narrativa do autor subsidiada pelas percepções dos convidados sobre assuntos importantes e decisivos do nosso esporte bretão.

Trata-se de uma obra de fácil leitura e assimilação sobre aspectos centrais da indústria do futebol nacional, abordando tópicos desde a parte técnica como montagem de uma equipe, treinamento e campo, entre outros; até aspectos jurídicos inerentes ao contexto do futebol.

Desejo a todos uma boa leitura deste livro e que as informações aqui presentes sirvam de inspiração para novas ideias e a oxigenação de nossa cultura futebolística.

Bom proveito!

Israel Teoldo

Idealizador e coordenador do Núcleo de Pesquisas e Estudos em Futebol da Universidade Federal de Viçosa, coautor do livro Para um Futebol Jogado com Ideias e coautor do livro Caderno Metodológico para formação de jogadores mais inteligentes e criativos para o jogo.

PREFÁCIO IV

O ano era 2020.

A pandemia da Covid-19 ainda assustava a grande maioria da população mundial, enquanto inquietos, como eu, viam naquela crise sem precedentes uma oportunidade única de começar projetos no mundo digital por meio de *lives*, cursos e palestras on-line.

E foi justamente assistindo a uma *live* no instagram do competente advogado Marcos Motta, que vi pela primeira vez, um jovem fazendo perguntas que nós, que vivemos dentro do futebol, não estamos muito acostumados a ouvir.

Aparentando uma idade ainda menor do que possui atualmente, aquele jovem se chamava Caio Caldeira e se mostrava muito confortável naquele ambiente digital, além de não demonstrar nenhum traço de nervosismo ao entrevistar um dos maiores nomes do direito esportivo mundial.

Não demorou muito para ele notar a minha presença e me enviar uma mensagem. Felipe, gostaria de marcar uma conversa entre nós. Acompanho seu trabalho e gostaria de fazer parte da sua equipe. A partir daí, não nos separamos mais.

Caio vem sendo, desde então, um fiel escudeiro, um grande companheiro de trabalho e uma fonte inesgotável de amor pelo futebol.

Ao escrever a obra *Futebol de A a Z,* Caio dá um passo importante para fixar o seu nome no seleto e raro grupo de autores brasileiros que movidos pela paixão pelo futebol, dividem o seu conhecimento em prol do crescimento e valorização do nosso esporte bretão.

Voa, Caio.

Parabéns, meu amigo.

O céu é o seu destino.

Felipe Ximenes

Gestor de Futebol com passagens por Santos, Flamengo, Atlético Mineiro, Coritiba, Fluminense, entre outros. Instrutor e Professor. Atualmente, é CEO do Joinville EC.

SUMÁRIO

INTRODUÇÃO

Não é segredo para ninguém a importância social e cultural do futebol para o povo brasileiro. Mas o que pode ser surpresa para muitos é a relevância econômica da indústria e seu grande potencial de crescimento.

Atualmente, o futebol representa cerca de 0,72% do PIB (Produto Interno Bruto) brasileiro[1] e gera mais de 370 mil empregos diretos e indiretos[2]. Mas se fosse mais bem organizado, poderia ultrapassar a casa dos 3 milhões de empregos. E em um país com tantos desempregados e dificuldades econômicas, fechar os olhos para uma grande potência nacional seria, no mínimo, falta de inteligência.

Mas de quem é a responsabilidade para que o futebol de fato venha a ser mais bem organizado? De todos os envolvidos: entidades de administração (CBF e Federações), entidades práticas desportivas (clubes), Estado (governo, legislativo e judiciário), profissionais (gestores, treinadores, atletas), imprensa, patrocinadores, torcedores, e todos os demais *stakeholders* (partes interessadas).

A CBF e as Federações devem fomentar o produto como um todo, norteando estrategicamente o desenvolvimento do futebol. Os clubes são os responsáveis pela formação e potencialização dos jogadores, assim como dos seus profissionais envolvidos, devendo ofertar o principal conteúdo desse esporte: o entretenimento, através de um jogo-arte e a relação de afeto-consumo com o torcedor. O Estado deve auxiliar na regulamentação, na garantia da segurança jurídica, no fomento à sua prática e na formação das pessoas através da educação. A imprensa deve dar a devida repercussão com responsabilidade, sendo uma importante alavanca do alcance, da abrangência e do sucesso da modalidade. Os patrocinadores, por sua vez, parceiros financeiros (investidores), devem obter os respectivos retornos (ROI), ao mesmo tempo que devem exigir um produto de qualidade, com uma gestão sustentável, profissional e transparente.

---

1 MATTOS, Rodrigo. Futebol movimenta R$53 bi na economia do Brasil, mas só gera 1% de imposto. *Uol*, [*s. l.*], 13 dez. 2019. Disponível em: https://rodrigomattos.blogosfera.uol.com.br/2019/12/13/futebol-movimenta-r-53-bi-na-economia-do-brasil-mas-so-gera-1-de-imposto/. Acesso em: 30 jan. 2024.

2 ANDRADE, Domitila. Pedro Trengrouse: "O futebol gera 370 mil empregos e poderia gerar mais de 3 milhões". *O Povo*, [*s. l.*], 28 set. 2019. Disponível em: https://mais.opovo.com.br/jornal/reportagem/2019/09/28/pedro-tengrouse---o-futebol-gera-370-mil-empregos-e-poderia-gerar-mais-de-3-milhoes.html. Acesso em: 30 jan. 2024.

Em linhas gerais, cada qual possui a sua responsabilidade e parcela de atuação, mas que dependem, essencialmente, de uma mudança sistêmica: na educação. Por trás de cada pessoa jurídica, estão vários CPFs, ou seja, seres humanos. A capacitação de cada um deles é, não a melhor, mas a única solução para o devido avanço do futebol brasileiro, como reconhece Paulo Schmitt, consultor de Integridade do COB e Procurador-geral do Tribunal Antidopagem à época da *live*: *"a única saída é investir muito em educação, como fator preponderante de intervenção, se não, esquece"*.

Buscar melhorias e soluções às partes isoladas do processo de organização do futebol brasileiro não irá resolver o problema, apenas tratar paliativamente os efeitos de uma causa única: a ausência de qualificação e preparo de grande parte das pessoas que vivem e pensam o futebol.

O futebol brasileiro, como veremos a seguir, ainda tem muito a avançar em todas as suas áreas e campos de atuação, que já englobam mais de 60 profissões envolvidas. A educação proporcionará melhores conexões entre cada uma dessas profissões, desenvolvendo, assim, uma revolução profunda no nosso futebol, mesmo que não na celeridade ideal. Como nos ilustra Clarice Lispector: "mude, mas comece devagar, porque a direção é mais importante que a velocidade"[3].

[3] MASSON, Celso. Conselhos de Clarice. *Isto É*, [*s. l.*], 19 maio 2017. Disponível em: https://istoe.com.br/conselhos-de-clarice/#:~:text=%E2%80%9CMude%2C%20mas%20comece%20devagar%2C,poema%20do%20autor%20Edson%20Marque. Acesso em: 5 out. 2023.

1

A GESTÃO DE FUTEBOL

1.1 O CAMINHO DO GESTOR DE FUTEBOL

Etimologicamente, a palavra "gerir" vem do latim "*gerere*", que significa levar, conduzir, manipular ou carregar. Portanto, o gestor é o indivíduo encarregado de gerenciar determinada organização ou tarefa. No futebol, muitos o atribuem como um "viabilizador de todo o processo dentro do departamento, sendo uma função meio", como destaca o executivo de futebol Felipe Ximenes, com passagens por Flamengo, Santos e Atlético Mineiro.

Para que possa de fato viabilizar os processos de um departamento de futebol, o domínio do conceito de transdisciplinaridade é comumente visto nas respostas dos profissionais do mercado. Isto porque o gestor acaba por se envolver com diversas áreas do saber (saúde, *scouting*, comissão técnica, comunicação), sendo necessário criar um elo e uma integração entre estas, de forma que, por vezes, elas quase se misturam na solução dos problemas cotidianos. O gestor deve assegurar que tais disciplinas "sejam harmônicas no dia a dia", como lembra Lucas Drubscky, à época diretor desportivo do Sport Recife.

Atualmente, um departamento de futebol de um grande clube brasileiro, pode ultrapassar a casa dos 100 funcionários. O gestor precisa conhecer sobre cada uma das disciplinas ali envolvidas, sem, por óbvio, ser um especialista em cada uma delas. E, dentro disso, é "preciso dominar pelo menos princípios básicos de relações intrapessoais e interpessoais, para fazer com que os líderes dos departamentos consigam interagir entre si", completa Ximenes.

Alex Brazil, então executivo do Paraná Clube e um dos líderes da Abex (Associação Brasileira de Executivos de Futebol) defende que "para ter esta multidisciplinaridade, tem que saber o mínimo de todas as áreas". Lucas Drubscky acrescenta que é preciso "ter um domínio do que está sendo feito na área de preparação física, do analista de desempenho, do médico, mesmo que sem um entendimento teórico aprofundado, mas para ter um diálogo bacana com cada um".

A partir disso, muitos podem se perguntar de qual graduação o gestor de futebol deve vir: do direito, da administração, da educação física? Paulo Bracks, atual diretor de futebol do Vasco e à época do América Mineiro, lembra quando Klauss Câmara, então diretor do Cruzeiro, brincou que para ele (Klauss) é mais difícil, ou seja, um formado em Educação Física, buscar uma especialização em direito ou administração. Bracks, que é formado em direito, destaca que tenta "aprender todos os dias a parte técnica, até mesmo em cursos de coordenação técnica, não com o objetivo de ser treinador, mas para ter esta valência também". Fica claro, então, que não há um único caminho a seguir, mas que independentemente de qual escolher, sempre haverá complementos a serem feitos.

1.2 O EXECUTIVO DE FUTEBOL

Apesar da clara etimologia da palavra "gerir" apresentada no tópico anterior, o mesmo não acontece com o "executivo de futebol, superintendente, diretor" e o que "não falta é nomenclatura para esta função", ironiza Ximenes. Ironia tal que leva a preocupações importantes pela falta de clareza no posicionamento da função, o que o ex-diretor do Santos "não considera como uma profissão", como um "educador físico é". Ele reforça que "a maioria dos gestores vêm se capacitando dentro da própria função, às vezes colocados por conhecimento, ou por vivência política no clube, amizade/parentesco" e isto faz com que "a avaliação do trabalho seja superficial, caindo na armadilha de julgar a qualidade pelo resultado final de campo, pelo simples fato da bola entrar ou não entrar".

É justamente essa armadilha do resultado que fomenta uma grande mazela no futebol brasileiro: a de que os executivos são somente responsáveis pelas contratações. Drubscky dispara que "é muito fácil julgar, e se as contratações não trouxeram resultados, aquele cara é ruim", complementando que "são muitas responsabilidades e é sempre bom esclarecer isso para ir mudando aos poucos essa cultura de entendimento da mídia e da torcida". Realmente, "na cabeça do torcedor, coloca-se que a gente só contrata e dispensa jogadores, e pelo contrário, a gente tem toda uma cadeia, onde a gente tem que sincronizar tudo", agrega Brazil.

Klauss Câmara, atual CEO do Santa Clara SAD, com passagens por Cruzeiro e Grêmio, pontua que o executivo "estabelece a visão da gestão, para que todos os processos possam correr bem" e ainda notabiliza que "no Brasil, o diretor talvez tenha a melhor capacidade de confeccionar os plantéis, pois a cada seis meses estão perdendo diversos jogadores para diferentes cenários e mercados no mundo, sendo necessário o tempo todo contratar jogadores para ajustar a equipe".

Muito se engana sobre a função de executivo ser tranquila e serena, quando "a rotina é de 24 horas, não é só chegar no clube, é estar sempre se dedicando, mesmo quando chega em casa", conta Thiago Paes, diretor do CRB. Ele detalha que a "nossa casa vira sede administrativa, pois sempre precisamos estar no celular, até de madrugada". Lucas Drubscky pontua no sentido de que "se a gente deixar levar, vai embora relacionamentos e muito mais, pois surgem novas demandas a todo momento". Ítalo Rodrigues, na situação como diretor do Náutico, expõe que "nenhum dos aniversários do meu filho, de 2 anos, passei com ele".

1.3 AS CONTRATAÇÕES

Apesar de termos quebrado a máxima de que o executivo é um "contratador", o assunto, por óbvio, causa alvoroço em grande parte dos que acompanham o futebol e, por isto, merece um diálogo mais aprofundado.

Sobre isto, Thiago Paes, com maestria, pontua a necessidade de que "cada clube tem sua história e DNA, o que leva a uma característica na montagem do elenco". É fato que o clube deve ir ao mercado prospectar dentro de algumas variáveis, como: orçamento, modelo de jogo da equipe, estilo do treinador, as características dos jogadores que deseja e também o papel que ele irá desempenhar na equipe. Isto otimiza a procura e minimiza erros.

Drubscky comenta que em uma estrutura de clube associativo, "a parte de contratações, eu divido com os meus dirigentes, pois tento quebrar o estigma que o executivo é contratador de jogador". Ele lembra também que "a contratação (a fase final) do jogador é a coisa mais fácil do mundo, sendo o tirar do elenco um caminhão de problema". Mais uma vez, fica evidente a importância de um correto planejamento em que "cada clube tem sua linha de trabalhar", finaliza Ítalo Rodrigues.

Definidos os parâmetros de ida ao mercado, um novo debate se estabelece: até que ponto deve-se atender a pedidos do treinador? Isto acontece, pois, por mais que o staff técnico aponte as características do jogador que deseja, por vezes, pode haver algum choque com aquilo que o clube entende como certo a fazer. Klauss, nessa linha, concorda que "talvez seja um dos maiores desafios, equilibrar a questão de atender o pedido do treinador e tomar os devidos cuidados". Em caso de demissão, "se você entrega 100% ao treinador, os problemas ficam todos a cargo da instituição", arremata o diretor do clube português.

Equilíbrio, com toda certeza, é a palavra ideal para este momento, inclui Bernardo Palmeiro, então Advisor do Sporting de Portugal, ao lembrar que "pode se jogar num dado sistema que os jogadores se encaixam bem e basta mudar o treinador para gerar um problema tático, pois os mesmos jogadores podem ser bons, mas não possuem as características necessárias ao novo treinador".

O treinador, portanto, é peça-chave nesse processo e quando se contrata um "Jorge Jesus, sabe-se o peso que traz, que ele quer contratar e se não contratar não vai conseguir implementar", exemplifica Palmeiro e depois finaliza que o "executivo precisa saber que quando contratar determinado treinador precisará conviver com ele". Ximenes evoca "um princípio importante na vida e no futebol de causa e consequência", admitindo que "não se pode contratar Jorge Jesus e querer pautar a contratação que ele irá fazer". O executivo entende que "antes de mais nada, as equipes devem ter clareza no perfil de jogador adequado às necessidades do clube".

A discussão, então, regressa ao que parece um ponto básico: o DNA da instituição. Klauss admite que "pode parecer utopia, mas acredito muito na identidade construída da instituição, e isto será um facilitador para todas as escolhas". Ele preconiza que existem "três tipos de identidade: a identidade de jogo, a identidade de jogadores e a identidade de profissionais que se contratam na instituição". Depois, termina lamentando que "somos contratados sem as pessoas definirem o que esperam de nós", antes de Ximenes pontuar que "pior do que não ter identidade, é perdê-la, como muitos clubes perderam e onde você não sabe por onde ir, qualquer caminho serve".

Dentro da estrutura de prospecção, junto à peça do treinador, os clubes possuem, em geral, uma estrutura de *scouting*. Alex Brazil reconhece que "a importância do scout na Europa é uma coisa absurda", que comparado ao cenário brasileiro costuma ter uma quantidade bem superior de profissionais no setor. Ximenes leciona que "na minha estruturação de clubes, a análise de desempenho se situa em uma gerência que eu chamo de inteligência e mercado, que você tem: a análise de desempenho, scout, prospecção comercial". Na sequência, afirma com convicção de que "não se concebe mais o departamento de futebol sem a tecnologia, sem a informação, sem a ciência do esporte". Ítalo, na mesma toada, diz que "o meu xodó é o centro de inteligência e a gente não faz nada que não passe por eles, sem que a gente pegue esse feedback". Em pura sintonia, Ítalo e Thiago Paes confirmam que o foco está em "minimizar os erros".

É consolidada a importância do *scout* no planejamento das contratações, mas esse processo deve ser acompanhado com a devida atenção e cautela, como estimula Ximenes: "analisar dados é uma coisa seríssima, e adaptar isso à realidade do seu clube é ainda mais sério".

Estancado momentaneamente este debate, passamos ao degrau das negociações e ato de contratação do atleta. Paes salienta que "particularmente não gosto que um clube ligue direto a um jogador meu, mas a verdade é que com as redes sociais, a condição de abordagem não é um aliciamento direto e, por vezes, você não tem ciência de quem é o agente do atleta". Drubscky pactua que o "intermediário é a pessoa indicada, mas às vezes um atleta que você já trabalhou, um primeiro contato é cabível" e ainda destaca que "há casos que o jogador gostaria de ir para o clube e o empresário por interesse próprio não passa nada ao cliente". A realidade é que "às vezes o negócio não acontece por falta de interesse do agente no comissionamento", fecha Paes.

1.4 CLUBE-EMPRESA

Nos últimos cinco anos, as discussões sobre clube-empresa no Brasil efervesceram. Isto porque dois projetos especiais avançaram em suas tramitações no Congresso Nacional. Um de autoria do deputado Otávio Leite e outro do senador da República, Rodrigo Pacheco. O segundo saiu "vitorioso", sendo criada a famigerada SAF (Sociedade Anônima do Futebol).

Apesar de desde a Lei Zico já ser possível um clube associativo se tornar empresa ou ter um modelo de cisão do departamento de futebol, a nova Lei trouxe importantes discussões. Vale salientar que as entrevistas feitas nas respectivas *lives* que recheiam este livro foram feitas antes da aprovação desse novo marco legal.

Para muitos, a migração dessas formatações jurídicas é sinônimo de melhoria na gestão, o que é refutado por Felipe Ximenes quando o mesmo lembra que "estão falando isso como se fosse uma coisa nova, são conceitos que a gente não pode cair na armadilha e, mais do que profissionalizar ou não, precisamos pensar na gestão dos clubes nos princípios da meritocracia, da capacitação e da governança". Na mesma direção, "a gente tem clube-empresa, recente no Brasil, que não deu certo, assim como há instituições associativas que não dão e outras que dão", coloca Drubscky.

Fica claro que a necessidade está na "mentalidade que se imprime na gestão", como destaca o advogado Milton Jordão, também presidente do Instituto de Direito Desportivo da Bahia, depois agregando que "não adianta ter uma empresa, um CNPJ, e que isso vai me garantir êxito com mazelas na gestão". É interessante também a abordagem que o mesmo traz, que normas internas do desporto podem ser mais eficientes do que a interferência estatal: "quando a FIFA baixa um licenciamento e vamos imaginar como existe na Espanha, obrigando que cada clube tenha um compliance para dialogar com o da própria Liga, a partir do momento que existe esta obrigatoriedade, não precisa de Lei e o Estado ferir a autonomia esportiva".

Especializado em compliance e autor de importantes livros sobre o tema, o advogado Fernando Monfardini ratifica que "temos que nos desapegar da natureza jurídica, o que precisamos é a mudança de mentalidade", sendo a "única diferença é que talvez, se for para o clube-empresa como SA, a CVM pode fiscalizar mais".

É mais ou menos nessa linha que também acredita Thiago Paes, executivo do CRB, que, apesar de não ser por si uma mola propulsora da mudança de cultura do clube, em formato empresarial "pode melhorar em clubes que não possuem uma responsabilidade fiscal e contábil, com gestores extremamente irresponsáveis que quebram o clube".

Sabemos, agora, que a lei da SAF possui uma série de mecanismos de responsabilização de dirigentes e também do seu controlador. A mesma exige um conselho fiscal e de administração, além de todo um protocolo de transparência. Claro, que, como diria o poeta Carlos Drummond de Andrade, "os lírios não nascem das leis" e é, nesse raciocínio, que o competente intermediário de atletas, Francis Melo, assegura que "toda legislação, se não vier acompanhada de uma ótima fiscalização, não vai servir para muita coisa". Ele preocupa-se que a lei "não pode ser só uma muleta dos clubes fugirem dos seus credores, mas, sem sombra de dúvidas, uma mentalidade empresarial para o futebol, se faz urgente".

Um fator gerador da discussão sobre o clube-empresa é a notória ausência de um modelo coerente de governança e um compliance bem elaborado no futebol brasileiro. Nesse caso, "falamos que compliance é uma espécie de governança, pois a governança é um guarda-chuva e abarcará toda a estrutura de uma organização", explica Monfardini. Conceitualmente, a "governança trata das regras internas e externas que visam a integração da gestão para alinhar expectativas, interesses e buscar que a instituição atue de acordo com os objetivos - a governança vai tentar harmonizar os interesses", resumiu.

Não existe profissionalismo sem um compliance devidamente estruturado e isto parece mais forte após o "FIFA Gate em 2015, que houve ingerências de forças externas, este tema está mais vorazmente tratado", situa Jordão. Com muito atraso, aos poucos, um novo marco de compliance começa a ser desenhado no futebol brasileiro, mas ainda "se observa a ausência de controles internos que zelam pelas condutas e patrimônio dos clubes", assinala Gustavo Nadalin, responsável por algum tempo pelo compliance no Coritiba.

Monfardini alerta que "se tirar uma fotografia das empresas do Brasil, a maioria reduz o compliance a um canal de denúncias e um termo de conduta, quando só isto não basta, pois há uma série de requisitos, como análise de risco, de acordo com o contexto da organização, ajuste das responsabilidades". E isto não é feito rapidamente, pois requer manter "treinamento a todas as partes, webinar, e-mail marketing", são "vários pilares, falamos em due diligence, auditoria, monitoramentos complexos e fundamentais".

"Compliance é uma ciência comportamental", exalta Nadalin e que Monfardini concorda: "não se muda cultura com lei e palavra, mas com atos contínuos". Um processo de aculturação é sempre doloroso, difícil para um meio tão vaidoso como futebol, já que "é conveniente o status quo e o compliance é investigativo, na maioria das vezes é na dor", pontua o ex-Coritiba.

A corrente da manutenção do futebol no status quo citado, que trava uma batalha ferrenha contra os agentes da mudança, acredita que o "compliance engessa a gestão", diz Nadalin, e depois completa que essas pessoas talvez dizem isto justamente porque é o mecanismo que irá "ajudar a desatar o nó de quem não quer um boa gestão e serem desmascaradas". Monfardini adverte que "não ter compliance é muito caro, pois tê-lo corretamente abre espaço para uma série de investimentos".

1.5 O PRODUTO FUTEBOL

Com certeza o leitor já ouviu falar que o Brasil é o país do futebol. Será? Quais os requisitos ou parâmetros podemos elencar para isto? Média de público nos estádios, títulos internacionais conquistados, receita anual dos clubes e de competições, revelações e transferência de atletas, ou simplesmente a paixão pelo futebol? Tudo bem! Talvez em alguns desses itens tivemos e ainda temos uma grande valia.

Mas fato é que no desenvolvimento do produto futebol, enquanto negócio do entretenimento, estamos ainda muito atrás de outros países. Claro que o futebol não pode ser considerado totalmente isolado da economia do país, que encontra dificuldades como um todo. Entretanto muitas questões que competem aos seus respectivos gestores precisam ser avaliadas: "eu acho que clube de futebol e entretenimento não pode ser veículo de vaidade pessoal e nem de questão política", inicia o advogado Marcos Motta, renomado professor de direito desportivo. Ele exemplifica que "as cinco maiores empresas do mundo são de tecnologia, onde se tem uma exploração correta dos dados, uma datificação do mercado, o que não vejo nenhum clube brasileiro chegando perto deste tipo de inteligência" e "a entrega que o futebol faz, que o esporte faz, é uma entrega muito limitada até então, a relação do patrocínio e do patrocinado".

De fato, para escalar um produto e ampliar as relações patrocinador/patrocinado, para que esta seja realmente de mão dupla, conhecer o cliente torcedor e investir em dados é fundamental. A partir do momento que se conhece o torcedor, suas diferentes buyers personas, é que possível entregar o famigerado Customer Experience: "a minha aula na CBF hoje é muito mais para explicar a competição como um produto, o futebol como negócio, gerador de receita, que a gente tem que pensar em competição como algo de interesse, que gera engajamento no torcedor, do que efetivamente explicar sobre tabela e regulamento", conta Leonardo Barbosa, diretor de competições da Federação Mineira de Futebol.

Diferentemente de outras indústrias em que as marcas batalham pela fidelidade do cliente, o futebol "tem uma lógica um pouco contrária, pois tentamos transformar um fã em cliente, criar o produto para ele consumir cada vez mais e isto não somente no dia de jogo, mas em tudo", diz Leonardo. E isto, claramente, só é possível com segmentação, definição de público-alvo e muita informação sobre o torcedor e seus diferentes tipos. Diferentes tipos? Claro! Os fanáticos, aqueles que gostam, mas só se ligam em momentos decisivos, os que se ligam para ter assunto com os amigos, entre outros: "é preciso criar produtos para todas as faixas etárias, todas as faixas de renda, para que todo mundo consuma um pedaço do evento", conclui o diretor. Motta, por sua vez, "não vê outra saída que não passe por uma exploração direta da imagem dos jogadores, a conectividade entre o atleta e a personificação das nossas alegrias e das nossas angústias que estão ali no atleta".

Barbosa dá um exemplo real da utilização do atleta feita pela NBA: "lá o All Star Game, o jogo era no domingo, na quinta-feira já começam as ações, e o que eles fazem? Coisa 'boba'. O Walmart é um dos patrocinadores e eles pegam um atleta de cada time, numa hora específica dentro da loja do Walmart para autografar a camisa. Dá a chance ao torcedor, mesmo aquele que não vai ao jogo, de ter acesso ao cara, pegar autógrafo e, estando no supermercado, você acaba comprando".

É muito claro, também, apesar de que devemos nos inspirar nos americanos, que o Brasil tem suas peculiaridades: "eu, particularmente, não gosto muito de comparar o futebol brasileiro com eventos esportivos americanos ou a experiência em estádios europeus. É diferente a maneira como público consome o futebol indo no estádio, e a maneira como ele se relaciona com o produto, é muito diferente", dita sua visão o especialista em marketing esportivo Frederico Motta. Tudo isto, então, passa por ter um raio-x do torcedor, tendo a datificação já citada como ferramenta de análise, para "adaptar isso tudo para a nossa realidade, que vai desde o custo do ingresso a como o torcedor se porta no estádio", finda Motta.

Talvez seja grosseiro nomear de neoimperialismo o que em palavras mais gentis podemos chamar de internacionalização de marca e produto, o trabalho que Ligas e clubes do exterior têm feito no Brasil: "uma coisa que eu vejo que me incomoda, hoje as crianças quando você pergunta qual time eles torcem, elas citam Barcelona, Real Madrid, Manchester City. Por quê? Porque esses clubes estão fazendo campanha aqui, eles encantam e os nossos não. Nossos filhos, talvez, vão torcer para um time brasileiro porque você (o pai) quis e não porque o time fez alguma coisa, e ele não vai ser um apaixonado, ele não vai consumir e este é um grande problema", tenciona Leonardo Barbosa.

Para deixar ainda mais complexo, a dificuldade dos clubes de criarem essa conexão e entender os diferentes perfis de torcedores, pode ser agravada quando falamos das novas gerações, principalmente a geração Z (nascidos após anos 2000) e a geração Alpha (nascidos após 2010). A abordagem com esse público deve ser ainda mais personalizada: "os dirigentes do futebol têm que entender que não adianta querer comunicar com o torcedor para formar novos torcedores e aumentar o consumo da mesma forma que comunicavam conosco", reflete Pedro Henriques, ex-CEO do Bahia. Influenciados pelos jogos eletrônicos, passam maior tempo em plataformas como Twitch e acompanham, por vezes, os jogos pelos seus melhores momentos apenas. A Twitch "hoje, que é onde os e-sportistas transmitem seus jogos e se tornam influenciadores ali dentro, eles têm uma audiência que em muitas vezes é bem superior ao de muitas redes de televisão aberta e fechada", acrescenta Frederico Motta.

Fred Motta conta sobre algumas consultorias que realiza: "a primeira pergunta que eu faço é: quem é o seu maior rival? E todos falam o rival da cidade e eu falo que não, que a competição é com o Real Madrid, o Barcelona, o PSG, pois estes jovens consomem muito mais o futebol europeu em merchandising do que o futebol local, que deveria ser o time do coração dele", pontua. E mais uma vez o debate vai ao encontro do que parece ser repetitivo, mas que precisa ser dito de que, "com a exploração digital, os times europeus, tendo a figura do ídolo, abordam uma outra parte do marketing esportivo e que é um fenômeno, pois você tem grandes ídolos, que também são grandes presenças digitais, grandes influenciadores digitais, que estão jogando naqueles times e as crianças querem se espelhar naquelas pessoas", conclui Motta.

Marcone Barbosa, atual diretor de marketing do América Mineiro, problematiza ainda mais: "eu ainda não estou convencido que o e-sports é de fato algo agregador aos clubes de futebol, eu fico na dúvida se o e-sports não é um produto substituto ao jogo de futebol ao mesmo tempo - Eu ainda estou na dúvida se a gente consegue trazer um novo torcedor ao clube que vá torcer para ele e não vai se envolver com e-sports e talvez possamos estar alimentando um grande monstro". O diretor do clube mineiro pondera, mais uma vez, que "esta nova geração tem um comportamento e uma maneira de consumir muito diferente de tudo que o público de futebol consumiu até hoje, um público de futebol que gasta em um evento de 3 a 4 horas. Eu tenho um filho de 6 e outro de 10 anos, fissurados em jogos eletrônicos, consomem YouTube quase o dia todo e não possuem o menor desejo de passar 15 minutos assistindo um jogo. Não sei a resposta ainda, estou apenas problematizando".

De fato, por mais hipóteses que sejam levantadas, "não tem resposta ainda e o que tem que haver é um constante questionamento, buscando evoluir, entender, dialogar, mas o e-sports é uma realidade, um limão que precisamos transformar em limonada", pincela Pedro Henriques. Indubitavelmente, estudos de comportamento, baseados em dados concretos, bem interpretados, deverão estar presentes nos clubes de futebol. Sobre isto, Leonardo Barbosa ressalta a importância de "gastar dinheiro com pesquisa para entender do público e melhor forma de concorrer com este mercado". Marcone encerra em grande estilo: "eu acho que a resposta para isto tudo é a inquietude, estarmos preocupados e analisando, pois isso vai trazer insights para as nossas ações".

O debate de "novos torcedores" vai ganhando novos contornos e desafios, mas não é recente. Podemos relembrar a estratégia de Felício Brandi, na década de 60, ao distribuir materiais escolares com o símbolo do Cruzeiro para cutucar o coração das crianças. Em outras palavras, podemos nomear de responsabilidade social, um desafio ainda maior na era do ESG, sigla do momento para as grandes marcas mundiais, que significa ações em três pilares: meio ambiente, social e governança.

O resultado esportivo continua sendo uma grande alavanca na conquista de torcedores e por mais que o futebol brasileiro tenha passado por mudanças e uma parte dos espectadores valorize um bom trabalho de médio/longo prazo, "os momentos de derrota são difíceis para conversar com a torcida", lamenta o presidente do Bahia, Guilherme Bellintani. E "por mais que se tenha planejamento, em campo são 11 x 11, não há controle, o planejamento não resolve tudo", destaca. A responsabilidade social surge como alternativa, e "Bahia e Fortaleza possuem uma aceitação nacional muito maior por ser uma gestão preocupada com a sociedade, mas bola na rede e conquistas são as melhores receitas para a presença do torcedor", assegura Marcelo Paz, presidente do Fortaleza.

O caminho para trabalhar o social é de "integrar mais a torcida", pois "a torcida entende que faz parte do clube e tem uma identidade maior" e isto passa por um "canal de conversa com a sociedade, evitando a promoção do 'nós versus eles', mas um canal transparente e franco, combatendo o preconceito e a homofobia, que são mazelas ainda no futebol", lembra Bellintani. Paz bate na tecla de que "um clube de futebol tem a obrigação de trabalhar em pautas sociais pela força de chegar nas pessoas, discutindo saúde mental, assédio, entre outros assuntos que não se pode deixar de posicionar, pois isto gera um sentimento de orgulho no torcedor" e completa afirmando: "sou um defensor ferrenho da cultura de paz".

O futebol é uma indústria diferente das outras no aspecto da concorrência entre os clubes, como já foi dito neste livro. Uma liga mais forte e um produto em que todos trabalhem juntos, serão benéficos para todas as partes. Paz destaca: "já fizemos reuniões de diretoria em conjunto com o Ceará, temos patrocinadores em comum e ter uma relação saudável com o rival é uma cultura de paz".

Ainda sobre a geração Z, pesquisas mostram suas respectivas preocupações com as ações sociais das marcas e pesquisam pelos respectivos propósitos como um elemento para decidir uma compra. No futebol, não pode ser diferente e Marcone confirma: "eu acredito muito no poder de transformação do futebol, dos clubes se posicionarem frente aos problemas sociais, pois acho que isso traz uma boa reputação a ele e, consequentemente, traz a simpatia de novos torcedores". Pedro Henriques acrescenta: "o futebol tem um canhão de luz muito grande, por que não usar efetivamente para jogar luz em causas importantes, humanitárias e sociais? Não é só ser correto socialmente, isso atrai coisas boas para o clube. A exposição valoriza a marca, traz parceiros e gera um círculo virtuoso. Se todo mundo soubesse como é bom ser correto, socialmente responsável, todo mundo seria".

O aumento de receita não deve ser o principal objetivo das ações sociais e muitos acabam ainda carregando esta mentalidade de "para que vou olhar este assunto se não vai me trazer receita?", lamenta Leandro Figueiredo, atualmente diretor de negócios do Atlético Mineiro e à época da Band Minas: "só que existem outros ganhos, que são ganhos de marca, e quando você trabalha bem o terceiro setor, você posiciona melhor sua marca, você começa a se deslocar das demais e principalmente dos seus rivais - ou melhor - você puxa o rival junto com você pelo exemplo - e o valuation da sua marca passa a ser outro", acrescenta. Figueiredo ratifica que também não basta ser algo pontual e sim se tornar uma cultura, pois o "consumidor vive essa era do conhecimento, então você precisa ter a verdade na sua comunicação. Não adianta os clubes fazerem isto para cumprirem tabela".

1.6 O FUTEBOL FEMININO

O futebol feminino, em até 10 anos, tenho convicção que será uma grande potência econômica. O produto tem tido uma notável evolução no que diz respeito à visibilidade e à audiência, primeiro degrau para um maior aporte de investimentos. Prova disso é a última Copa do Mundo (2023), em que a Cazé TV transmitiu todos os jogos, batendo diversos recordes em streamings de futebol feminino. Recordes de torcedores nos estádios e de arrecadação de patrocínios também foram computados nessa competição.

A especialista em direito desportivo, Dr.ª Luciana Lopes, assegura a importância de se analisar a evolução dos dados: "não dá para falar no achismo, temos que ter uma métrica e ela é dada por dados". Ela lembra que "durante 40 anos o futebol feminino foi proibido e hoje é obrigatório, o que denota uma grande evolução legislativa". Nesse raciocínio, é defendida a impossibilidade de comparação com a modalidade masculina, pois "durante 40 anos foi embutido na cultura que mulher não pode, isso não é para mulher, quando, no masculino, você tem clubes centenários, e o feminino é algo novo".

É justamente por ser uma modalidade recente que muitos problemas ainda estão presentes, pois "a CBF em 2019 tinha 180 times registrados no feminino (atualmente este número certamente é distinto), somando 2.870 atletas, mas que, infelizmente, menos de 10%, somente 176, possuíam contrato registrado de trabalho", relata Luciana, e rememora que "não há clube de futebol masculino que participe de competições sem o registro, pois é obrigatório". Para ilustrar ainda mais os argumentos, novos dados são explanados: "as mulheres avançaram no crescimento das transferências internacionais em 19,7%, enquanto os homens em 9,1% - e para quem gosta de comparar é um avanço significativo - Agora, como estas transferências se deram, 83% foram transações onde os contratos haviam se encerrado, por rescisão direta ou indireta. Ou seja, se eu tomar como base, as transações que estão acontecendo no mundo, o mercado está se movimentando, porque ninguém faz transferência se não tiver um bom negócio, independentemente do valor".

Todo esporte, para ter uma cadeia produtiva e que seu entretenimento tenha ao menos um *break even*, o primeiro desafio é econômico, e neste momento o desafio do futebol feminino não é ter lucro, e sim ser autossustentável, mas como? Infelizmente muitíssimos clubes veem isto como uma obrigação, lado social ou até mesmo um peso. Para se ter uma realidade, no América Mineiro, "temos casos de atletas que possuem um outro trabalho, e mesmo na série A1 há uma média salarial que não passa de 2 mil reais", comenta Luiza Parreiras, coordenadora do clube. Ela vai de encontro ao que Luciana disse anteriormente: "a questão da remuneração ainda é um ponto que o futebol feminino tem que evoluir muito ainda, mas para isso a gente precisa se consolidar. O futebol feminino não pode ser uma carga, um peso para os clubes. Quem trabalha com futebol feminino hoje não trabalha porque quer ficar rico, e sim pela dedicação ao esporte, ou para começar a carreira, ter uma experiência".

Hoffman Tulio, atual treinador do futebol feminino do Fluminense e à época do Atlético Mineiro, comenta que em Minas se faz pouco pela modalidade e isto passa pela federação: "a gente joga, a gente briga, faz manifestações, mas se não tiver ao menos um departamento de futebol feminino na federação, é difícil. Não tem muito dinheiro igual São Paulo, mas podemos começar o futebol feminino do tamanho de um jeito mineirinho, pelas beiradas, construindo projetos, times mais fortes. Eu vejo que as organizações do esporte, elas podem fazer mais e aí sim vamos alavancar o futebol feminino em uma proporção maior".

Na seara dos profissionais à frente do futebol feminino, "cada vez estamos tendo mais cursos de capacitação, o aumento de treinadoras de futebol feminino para trabalhar com as mulheres, e até muitos homens também, tem muitos bons se capacitando para poder trabalhar com o futebol feminino, e isso é ótimo, pois trabalhar com homem é uma coisa e trabalhar com mulher é outra", pontua a advogada Luciana. Hoffman testemunha que "o futebol feminino tem bons treinadores, mas precisa sempre melhorar, estar nesta evolução. É claro que se capacitar hoje, se preparar, isso demanda um pouco de tempo para que o todo melhore".

É justamente a enorme diferença que se tem entre trabalhar com homens e trabalhar com mulheres, que além da comparação não ser correta, os profissionais precisam se aprofundar nas especificações: "não tem como comparar o físico do homem com o da mulher, isto não existe, não existe você comparar vôlei feminino com vôlei masculino, seja na questão de força, velocidade, agilidade", indica Luiza Parreiras. Até mesmo nas lesões, "a nossa médica comenta que a mulher no ciclo menstrual está mais apta a sofrer lesões, tanto no período pré-menstrual quanto durante, e isso é uma coisa fisiológica, do corpo da mulher", complementa. Hoffmann acredita que a "falta de categorias de base das meninas contribui para isto, assim como a questão morfológica". Isto porque as mulheres começam a prática especializada e deliberada muito tarde, sem uma formação desde pequena, gerando "falta de lastro na atleta", reitera Parreiras.

A ausência das categorias de formação para as atletas é tão grave que "a seleção brasileira só tinha o adulto, a pirâmide começou invertida, então você tinha uma dupla que não tinha base, essa menina veio de onde? Treinou onde? Treinou com a vida", lamenta Luciana. No América, Parreiras relata que "temos atletas com idades distintas, a mais nova tinha 14 anos e a mais velha 33 anos. As atletas mais novas, em sua maioria, foram atletas que nós mesmos fizemos a captação através de seletivas, elas ficam uma semana treinando com o elenco principal, e aí dentro das necessidades e das possibilidades, o clube senta com a comissão e faz a seletiva, e a gente tenta fazer esse trabalho pelo menos três vezes por ano".

Frente a ausências de categorias de formação, desde o escalão da iniciação, muito se discute a prática de treinamentos mistos, ou seja, que se misturam homens e mulheres. É muito comum em escolinhas, quando ainda crianças: "eu acho que na infância até os 8 anos seria legal, poderia estar misturado sem nenhum problema. Acho que acima, claro que para você evitar que a menina deixe de jogar você vai lá colocar no grupo de meninos, e muitas cresceram treinando com meninos", opina o treinador do Fluminense. Entretanto é ainda mais interessante a visão holística que o mesmo apresenta a seguir: "o futebol é uma expressão corporal, mas também é uma sociedade, tem que saber se relacionar. Vejo muitos colegas discutindo tática, sendo que na verdade a gente está em busca de uma sociedade melhor, que todos cumpram seus deveres e tenham seus direitos. Vejo que se relacionar só no meio de homem é uma coisa, e se relacionar só no meio de mulheres é outra, então sou muito a favor que depois de uma certa idade, as meninas tenham o seu grupo para se relacionar, entre mulheres. Isto é diferente, não é pior nem melhor, é diferente".

No América, Luiza esclarece: "é muito comum a gente fazer amistosos contra equipes do masculino. Lógico que a gente tem que equiparar as categorias, então, por exemplo, a gente pega hoje o nosso elenco contra o sub-14 do América, ou contra uma outra escolinha. E são jogos bons, equilibrados, mas aí já numa condição que a gente consiga ter uma equidade na parte física, porque senão realmente a gente não consegue ter jogos para elas e acaba que seria desnecessário fazer esses jogos no intuito de preparação delas". Apesar da utilização, isto não é o ideal: "mas é algo que a gente precisa também mudar, porque se você quer investir na modalidade, você que investir na formação, você tem que investir na base. Por que elas jogam contra meninos? Porque elas não têm com quem jogar, com outras meninas. Isso acontece muito mais pela falta de possibilidade dessas meninas treinarem com outras meninas, do que realmente pela preparação".

Em suma, o futebol feminino apresenta desafios notáveis, mas seu crescimento em visibilidade, audiência e participação econômica nos últimos anos oferece uma visão promissora para o futuro. É importante extinguir muitas comparações com o futebol masculino, seja enquanto negócio, até mesmo na gestão técnica, vistas as peculiaridades físicas e cognitivas. O incremento de categorias de formação, mais investimentos, capacitação e infraestrutura, certamente, promoverão um futuro brilhante para esse esporte.

2

A DIMENSÃO TÉCNICA DO FUTEBOL

2.1 O TREINADOR

Ser um treinador de futebol é entrar em um universo de complexidade multifacetada, de altíssima pressão, onde a paixão pelo jogo se entrelaça com a necessidade de dominar um amplo conhecimento tático e metodológico, gerir uma equipe de atletas com personalidades e habilidades diversas, além de navegar em um ambiente altamente competitivo e dinâmico. Esse desafio transcende para além do campo de jogo, estendendo-se à gestão de pessoas, ao entendimento das nuances psicológicas dos jogadores, às relações interpessoais com agentes, dirigentes, imprensa, e à constante busca pela inovação e adaptação em um cenário esportivo de constante evolução.

A figura do treinador, para muitos, confunde-se com o centro da autoridade de um departamento de futebol, onde tudo girará em torno da sua filosofia de trabalho. Algo que pode chancelar isto é o fato de que quando as coisas não estão indo bem, ele, quase sempre, é o primeiro a ser demitido: "realmente, o treinador é sempre a cabeça de cartaz da organização de um clube, as coisas correm mal e é ele quem normalmente está no primeiro patamar, pois é o mais visto. É o treinador que normalmente é despedido, é o treinador que toda a gente tem opinião que deva ser a pessoa que gere tudo", inicia José Guilherme, diretor técnico da Federação Portuguesa de Futebol.

Apesar da ampla maioria das pessoas pensarem dessa forma, José Guilherme lembra que "é bem mais complexo que isto", pois "os clubes com uma certa organização, possuem o treinador como elemento-chave e ele é escolhido em função de um projeto, sendo que este vai muito além do treinador, e o treinador é alguém que entra no clube para cumprir determinados objetivos delineados previamente".

Um clube, definitivamente, precisa ter uma organização com pessoas a pensarem estrategicamente em como ele deve ser gerido e a escolha do treinador é apenas um elemento disso: "Deve ser tudo em conjunto, lógico que a responsabilidade cai sobre o treinador na derrota, mas não podemos nos vitimizar. Precisamos estar aliados, não só com o presidente, mas com todo o corpo técnico, sabendo os objetivos", aponta Jair Ventura, ex-treinador de Botafogo, Santos, Corinthians e atualmente no Atlético-GO. Por outro lado, o comandante lamenta que "não adianta a gente ser gerido por pessoas que não trabalham e não entendem de futebol, por isso a gente torce que o profissionalismo seja maior em todas as áreas do futebol, pois, assim as responsabilidades vão se dividir e nem tudo será culpa só do treinador".

Já foi abordada no Capítulo 2, a importância do clube ter a sua identidade como ponto de partida para recrutamento de pessoas. Com isto bem estabelecido, o processo de escolha do treinador será muito mais claro: "eu acho que o treinador é o cara, a ideia de futebol é dele. É claro que em um mundo ideal, a gente contrataria o treinador baseado no projeto futebol e no DNA do clube, mas para isto a gente tem que ter um projeto de futebol muito bem formado, para contratar um treinador que se encaixe no planejamento, que veja o jogo da maneira como o clube quer jogar", acredita Lucas Drubscky, atualmente diretor de futebol do Guarani-SP.

Esse processo de recrutamento, a partir de uma identidade, é o núcleo central da organização do clube, pois "se não for assim, o clube está sempre a alterar suas políticas, e é extremamente difícil atingir um patamar de excelência sem a interação permanente do treinador e do clube para delinear caminhos e os objetivos a serem alcançados", explica José Guilherme. O professor da Faculdade de Ciências do Desporto e de Educação Física da Universidade do Porto, Júlio Garganta, elenca argumentos: "identidade e coerência são duas palavras-chave. Se empresas como Apple e Google contratarem um CEO, ele não pode chegar lá e mudar a identidade das empresas, pois não muda. Ele pode levar ideias e acrescentar novas coisas, mas vai ter que subordinar-se à visão global da empresa. Nós temos no futebol casos que isto acontece, o que é muito caricato, pois as pessoas que entram e saem estão sistematicamente a destruírem a identidade cultural daquela organização e isto não faz qualquer sentido".

Nesta discussão, aquilo do treinador suprassumo está fadado à decadência, como Garganta afirma: "a ideia do treinador centralista no futebol que permanece nos dias de hoje, penso que vai tendenciar-se a acabar, pois a organização vai ser mais hierárquica com o treinador no centro, mas não acima. Os outros gravitam, mas todos participam, cada um à sua maneira e o treinador não é o único decisor soberano. As decisões vão emergir do consenso, depois de discutidas as ideias numa equipa técnica. A tendência do treinador ser o 'Indiana Jones', o indivíduo que faz tudo, que é imortal, vai acabar".

Fica claro que o treinador continua a ser uma peça central, mas escolhido através da construção de ideias claras do clube: "são três elementos importantes: identidade, envolvimento e coerência. No Brasil a questão da coerência está associada à primeira pergunta: se uma coisa nasceu para dar errado, mais cedo ou mais tarde, vai dar errado. A grande maioria dos clubes, muitas das vezes, projetam performances técnicas sem antes ter um projeto técnico, algo que direciona. Então, sem ter o projeto, para quem não sabe aonde vai, qualquer caminho leva", arremata o coordenador do Núcleo de Estudos e Pesquisas em Futebol da Universidade Federal de Viçosa, Israel Teoldo.

O grande desafio, principalmente no Brasil, talvez seja a relação com a dimensão política do clube, os mandatários e dirigentes estatutários: "eu brinco muito que as estruturas dos clubes de futebol, dos executivos contratados para baixo tendem a ser profissionais, e do executivo para cima, quem realmente mandam nos clubes, são amadores", alfineta João Paulo Medina, presidente e fundador da Universidade do Futebol. É justamente nessa linha que sofre um profissional da competência de Drubscky: "a gente sabe que nessa ciranda louca do futebol brasileiro de que o treinador presta num momento e daqui dois meses não presta mais", queixa-se, ao mesmo tempo que reconhece que "a ideia do projeto futebol é muito na mão do treinador".

O presidente do Bahia, Guilherme Bellintani, faz uma outra abordagem ao assunto: "normalmente esta conta é colocada no dirigente e, em geral, é isto mesmo, não quero tirar a responsabilidade do dirigente. Entretanto, há outros dois atores: primeiro a torcida, que precisa entender que se a gente acredita que o treinador é bom, trocar somente para 'mudar ares' e gerar triunfos em dois/três jogos, é de uma fragilidade científica absurda. Um outro ator é a imprensa, pois ela gosta da conversa de planejamento e paciência, mas na hora da crise é a primeira que pergunta: 'e o treinador, fica?', e só esta pergunta mostra o descompromisso da imprensa".

Por outro lado, o competente jornalista Marcel Capretz acredita em puxar mais a corda para o lado do dirigente: "muitas vezes ele não tem convicção, contrata no impulso para dar uma resposta rápida à torcida e isso mata nosso futebol. Porque não tem planejamento, é carregado de imediatismo. O dirigente, muitas vezes, se baseia na imprensa e no torcedor para tirar conclusões, quando ele tinha que ter as suas próprias convicções, sem se deixar levar".

Como nos ensina o professor João Paulo Medina, o futebol é composto de três dimensões: política, administrativa e técnica. A dimensão administrativa é composta por tudo aquilo relacionado à atividade meio, isto é, marketing, RH, comercial, jurídico, entre outros. A dimensão técnica é relacionada à atividade fim, o departamento de futebol e o jogo propriamente dito. Por último, a dimensão política é formada por aqueles agentes (presidente, diretores estatutários ou donos) que realmente tomam as decisões no futebol: "um dirigente estatutário, normalmente, não pode receber, e então ou ele é muito rico ou ele tem que trabalhar para gerar seu sustento, e nas horas vagas dedicar ao clube. Não estou fazendo crítica aos estatutários, mas apenas elucidando um detalhe que dificulta a governança do clube".

Mas por que essa contextualização? Justamente porque é um pouco da percepção de que os dirigentes, não profissionalizados, que não estudam o fenômeno do futebol e essas questões técnicas, são quem contrata. Veja o paradoxo: "quem contrata os profissionais é um não profissional, o que gera uma fragilidade na avaliação do treinador a ser contratado", continua Medina.

No Fortaleza, esse paradoxo foi quebrado, e todos os dirigentes são remunerados, toda a diretoria. Claro que isto por si só não garante a construção de um processo de recrutamento perfeito: "o futebol mexe com milhões e administrar de forma amadora não é cabível, hoje temos um planejamento estratégico contratado pelo clube e em relação ao treinador, claro que o futebol é muito público e tem maior pressão, mas se você for a uma loja e a cada quatro meses voltar e o gerente for outro, as coisas não vão andar", explica o presidente Marcelo Paz. Mais uma vez, assim como Drubscky detalhou, Paz confirma: "a partir do treinador muitas decisões são tomadas, como perfil de contratação, logística, modelo de jogo. O futebol é uma locomotiva, com vários vagões, mas o primeiro que puxa é o futebol".

Ser assertivo na contratação do treinador passa por uma avaliação muito fundamentada: "no CRB a gente procura ter o máximo de critério possível. Eu não posso sair de um Marcelo Chamusca, que é um treinador propositor de jogo, para um treinador que joga totalmente reativo e defensivamente, porque eu montei uma equipe, de certa forma em conjunto com o meu treinador, contratei peças para um determinado modelo de jogo, então tenho que ter o mínimo de coerência", afirma Thiago Paes, gestor do clube de Maceió. Não há dúvida: "não é o alvo que vai ao tiro, é o tiro que vai ao alvo", ilustra metaforicamente o presidente do Cruzeiro, Sérgio Santos

Rodrigues. E ainda podemos garantir "que quem demite é porque contratou errado, e por mais que a torcida pressiona e é difícil conviver, o gestor com a caneta tem que ter a firmeza de segurar o bonde", conclui Marcelo Paz.

O momento da demissão, então, em grande parte das vezes, acontece por erros cometidos na contratação. Como se observa, a ausência de processos e critérios nesse momento, ainda mancha a gestão do futebol brasileiro. Entretanto, é óbvio, que mesmo tendo tudo sido feito corretamente, haverá um momento de ruptura com a comissão técnica. A pergunta é: quando? "Não há indicadores precisos para este momento. Nós sentimos quando as coisas não estão bem. As relações interpessoais se degradam e as pessoas começam a deixar de acreditar umas nas outras e é nesse momento que as coisas têm que acontecer. Normalmente e infelizmente, despedem-se treinadores de uma forma que não é muito válida, ou seja, é o resultado desportivo que leva a que o treinador seja despedido", pontua o treinador e professor português José Guilherme.

O resultado como KPI de avaliação precisa ser visto com muita cautela e não pode ser um único argumento na triagem para a decisão de demitir: "o resultado desportivo é algo no futebol muito mais do que outras modalidades, haja vista as características do desporto. Há equipas que conseguem ganhar o jogo sem arrematar a baliza, o que mostra que o futebol tem particularidades muito próprias face à quantidade de pontos e golos. O treinador não pode ser muito penalizado pelo resultado, pois se houver uma certa calma e paciência, a médio/longo prazo tudo se resolve. Se o sentimento for de que o relacionamento e o ambiente estejam bons, o resultado desportivo certamente virá", acrescenta José Guilherme.

Júlio Garganta faz uma analogia muito interessante: "se nos perguntarmos quando é que um casal deve divorciar, certamente vamos concluir que é quando as coisas começam a ficar insustentáveis. Quando o casal sente que está pior estando um com o outro, isto é, quando quem está mal é a relação". Seu compatriota José Guilherme repercute: "quais são os casais que nunca discutiram ou que nunca tiveram brigas em determinados momentos? Todos. E isto dá para fazer uma analogia com aquilo que é o treinador de uma equipa. Há sempre alguns momentos em que se nós estivermos a comparar as brigas dos casais com os maus resultados, há sempre maus resultados".

Então qual a melhor forma de avaliar o trabalho? José Guilherme responde com maestria: "é ver a evolução que a equipa tem, é ver a forma com que ela joga, a forma como reage a algumas adversidades, a forma como os treinadores e o clube se relacionam, a forma como o treinador e jogadores se relacionam uns com os outros. Tudo isto deve ser avaliado".

No Náutico, Ítalo Rodrigues viveu na pele a troca constante de treinadores: "isso me consumia por dentro, e quando chegavam pra mim e diziam 'vai trocar', a primeira coisa que eu pedia era para pagarem uma passagem ao novo treinador, para ele vir e a gente conversar pessoalmente para entendermos um pouco do trabalho e da metodologia". Inclusive, o centro de inteligência dos clubes pode sim ser utilizado para minimizar isto: "se você tem um modelo de jogo e um perfil de treinador, fica muito mais fácil escolher, e o centro de inteligência vai nos ajudar a trazer quem encaixe melhor neste projeto", acrescenta. Como ressaltamos no início do capítulo, são várias as habilidades que um treinador possui, e conhecer como cada um carrega elas, é uma condição *sine qua non* para minimizar a possibilidade de erro.

Em geral, o treinador possui um currículo oficial e um currículo oculto. O primeiro são as habilidades e formações que são visíveis a todos: sua forma de jogar, sua trajetória e resultados. O segundo já não está na ponta do icebergue, mas submerso, como: a forma de se relacionar com o grupo, com os departamentos, sua metodologia de treino. Mas mesmo estas questões "ocultas" num primeiro olhar, são passíveis de pesquisa: "telefone, informação, saber sobre o dia a dia de trabalho, ligando para quem trabalhou com ele, analisando a passagem em determinado clube, com uma outra realidade. Tudo isso em cima do que o clube busca em relação ao que ele quer trazer, seja em relação a como ele quer a equipe jogando, mas também como quer que o ambiente seja tratado, na gestão de pessoas", ilustra Edgard Montemor, à época executivo do Santo André-SP.

Como já foi colocado, quem não sabe para onde quer ir, qualquer caminho serve. Sem planejamento e quem conheça como elaborá-lo, as coisas ficam complicadas: "o clube precisa desenvolver uma linha de jogo, pensar na estrutura de jogo, e se você contratar o treinador, o treinador tem que seguir essa linha. O treinador precisa ter um mínimo de prazo, mas a realidade atual é que a cada três ou quatro jogos você já fica na berlinda, já vivendo a pressão, já tem que trocar, muda isso, muda a filosofia, muda a metodologia", complementa Gilson Kleina, treinador com passagens por Palmeiras, Ponte Preta, entre outros clubes.

Cyro Leães, jovem e competente treinador, critica que "infelizmente, no contexto atual que envolve o futebol ainda não existe de fato este nível de profissionalismo verdadeiro, o que a gente tem é a figura do treinador muito enfraquecida perante todo o processo, que precisa usar da bengala da vitória para levar adiante alguns processos diários".

Estabilidade, talvez, seja a principal carência para o devido suporte no trabalho do comando técnico: "o treinador brasileiro não consegue colocar a metodologia dele pois joga para defender o emprego. Aqui no Brasil se contrata muito pelo Twitter, muito pelo que a imprensa e o torcedor falam, não pelo seu conceito de jogo. Se você perder na quarta e perder no domingo, no próximo jogo você já está ameaçado", comenta o ex-centroavante Deivid, que foi treinador e diretor técnico do Cruzeiro.

De fato, é comum essa ameaça velada, divulgada pela imprensa e refletida nos bastidores, de que se o treinador perder o próximo jogo, será mandado embora. O questionamento que fica é: quer dizer que se ele ganhar, tudo que estava fazendo passa a ser bom e se perder, o que estava fazendo não era bom?

Felipe Ximenes, respeitado gestor esportivo, amplia o debate: "nós somos modistas, o ser humano, a gente tem uma tendência de tratar o futebol brasileiro como se fosse um extraterrestre. O futebol somos nós, toda a cultura do futebol brasileiro foi criada pelo brasileiro". A verdade passa também por entender que o futebol não está à margem de uma característica da sociedade brasileira como um todo.

Em compensação, uma via para raciocínio é de que o treinador, pela importância que tem na filosofia do clube, também pode ser utilizado em um processo de aculturação: "infelizmente muitos treinadores já deixaram um legado porque foram contratados talvez sem critérios e, pela sorte e pela sua capacidade, se inseriu em um contexto e deixou um legado na instituição", pontua Klauss Câmara, ex-diretor do Grêmio. A aculturação de um clube, com ajuda do treinador, no Brasil, tem sido feita por razões aleatórias, mas que podem ser previamente planificadas para que "baseado em ideias e conceitos institucionais, os treinadores deixem um legado para permear em várias estruturas, inclusive na base", conclui.

Um ajuste importante nas estruturas dos clubes brasileiros e que parece ter se consolidado nos últimos anos é a manutenção de comissões técnicas fixas, com pelo menos de três a quatro profissionais: "a rotatividade no Brasil é muito grande, o treinador chega e um mês depois já não está mais. Só que ele chegou, e levou com ele mais cinco pessoas. A comissão fixa serve para isto, quando um clube decide mudar de treinador, ele sabe que tem uma comissão lá que conhece os atletas", opina Cláudio Caçapa, auxiliar técnico do Lyon-FRA.

2.2 A CONSTRUÇÃO DO CONHECIMENTO

A formação de treinadores de futebol no Brasil é um desafio que reflete uma longa história de tradição empírica nesse campo. Por décadas, a construção do conhecimento para essa profissão foi fortemente baseada na experiência prática e na observação do jogo, estudando-lhe pouco enquanto ciência. Embora nos últimos anos tenham surgido cursos e a própria certificação obrigatória, a verdade é que a oferta de formação continuada ainda é relativamente recente no país. Além disso, a quantidade de literatura produzida sobre o assunto no contexto brasileiro é notavelmente limitada quando comparada a outros países. Esse cenário desafia a profissão a se adaptar e a conviver com a maior presença de treinadores estrangeiros.

"A cultura do futebol brasileiro é basicamente tácita e verbal, e eu penso que isto é até um problema que a gente tem de enfrentar, até porque nós precisamos importar bibliografias que muitas vezes não são aplicadas dentro do Brasil", dá o pontapé inicial Luis Felipe Ximenes, ex-diretor executivo do Santos. É inegável a qualidade dos nossos treinadores e a sabedoria que há no país, e isto parece consenso, por mais que alguns tentem deturpar. Ao mesmo tempo, "a gente teve do meio da década de 80, até quase final da década de 90 uma bibliografia para preparação física da escola de atletismo Russo. É um passo que a gente precisa dar em direção da melhoria e da qualidade do nosso trabalho escrito", expõe o autor do livro *O Certo é o Certo, Mesmo Dando Errado*.

A ausência de bibliografia para o futebol brasileiro é uma realidade. Dos treinadores brasileiros da série A do Campeonato Brasileiro, por exemplo, não há uma obra escrita. Apenas Carlos Carvalhal, treinador português com passagens por Sporting Braga, Celta de Vigo e Rio Ave, possui duas assinadas. Mas calma lá: "escrever livro não faz melhor treinador, é mais uma questão cultural", alerta Carvalhal. Ele conta que "o que aconteceu em Portugal, em determinado ponto, foi uma corrente muito crítica sobre o treino e o fundamento do treino. Isto provocou uma discussão e foi uma oportunidade, pois todos os treinadores fizeram reflexões".

Ex-professor de Carlos Carvalhal, Júlio Garganta faz um adendo sobre o sucesso de treinadores portugueses: "não é devido a um único fator, mas uma conjugação de vários fatores que se reuniram em diferentes momentos e fases, envolvendo diferentes tipos de instituições, nomeadamente escolas superiores". Assim, como o ex-treinador do Braga, Garganta situa a importância do debate que foi estabelecido no país: "a escola de treinadores em

Portugal não tem um sítio específico, e é alguma coisa que circula num espaço que as pessoas se comunicam, seja nas Universidades, nas bibliografias que trocam. Isto fez criar este movimento interessante".

Carvalhal detalha ainda mais o ponto de ruptura na formação dos portugueses que hoje possuem mais de 100 comissões técnicas empregadas pelo mundo: "deste confronto de ideias, obrigou os treinadores a refletirem a necessidade de discuti-las". Nesse paralelo, o que é comum em outras áreas também, é o fato de muitas pessoas guardarem para si mesmas o conhecimento, com medo de que o outro possa pegar seu lugar: "a humildade e a maturidade fazem parte de uma pessoa sábia. Eu não escondo nada do meu trabalho, o que faço, as perguntas na organização da equipe, respondo. Isto abre a discussão e a possibilidade de falar uns com os outros", diz o ex-treinador do Swansea, clube inglês.

Para concluir, Bernardo Palmeiro, à época dirigente do Sporting Lisboa, relata: "aqui em Portugal, de 30 anos para cá, viu-se os treinadores estudando muito e diferentes áreas do futebol. Em Portugal, você vai à faculdade de Motricidade Humana, tem o Mourinho dando aula. Qualquer treinador tem que ter feeling, mas também base acadêmica".

A questão cultural, para Eduardo Oliveira, à época treinador da equipe sub-20 do Fluminense, é um diferencial: "No Brasil, a gente sempre concorreu entre educação e esporte, até costumamos falar que se esse 'cara for muito bom, ele não consegue ir para a escola'. Então, quem são e quem sempre foram nossos treinadores? Na maioria das vezes, ex-jogadores que não tiveram este estímulo e não possuem essa prática de realmente registrar, mas que são excelentes no dia a dia, têm excelentes ideias e conseguem fazer um processo de alta qualidade".

O adendo a ser feito, mas que hoje parece ser superado, é que os treinadores advindos do meio acadêmico, no Brasil, por um período, sofreram fortes preconceitos: "o perfil acadêmico hoje é aceito, visto com olhos melhores do que anteriormente, mas ainda assim, na primeira oportunidade, no primeiro insucesso, isto é jogado na nossa cara, de que não jogamos e por isso não sabemos certas coisas", comenta Cyro Leães. O executivo de futebol Alex Brazil complementa: "é a cultura do nosso país, lá fora a educação é completamente diferente da nossa".

Como alerta o professor Israel Teoldo, "a ciência é frágil, e para ela ter poder, precisa conversar com a realidade". Assim, a teoria e prática precisam andar lado a lado, pois se há insatisfação com a prática, para mudar é necessário ir à teoria: "a teoria e prática só existe na nossa cabeça, pois toda boa teoria tem raízes naquilo que é a prática de todo dia", assegura Júlio Garganta.

José Guilherme crava que não há nenhuma dicotomia entre ser treinador ou professor, muito antes pelo contrário: "enquanto treinador sou professor e enquanto professor sou treinador. Enquanto professor trago minha experiência da prática para a academia, para que o conhecimento teórico seja no fundo um pouco daquilo que é o conhecimento teórico no sentido de ser e sustentar a prática. Sinto-me melhor treinador por ser professor, e sinto-me melhor professor por ser treinador. A interação permite-me ir a um treino e sustentá-lo com coisas que aprendi na teoria, e permite-me ser professor e aquilo que digo aos estudantes ser muito mais realista".

A Copa de 2014 e o famigerado "7 a 1", que por um lado foi atípico, ajudou a acender talvez a mesma postura crítica citada por Carvalhal em Portugal, desta vez no Brasil, sendo alvo de reflexão do atual treinador do Corinthians, Mano Menezes: "os treinadores portugueses faziam sua formação há 40 anos e as coisas se repetem. A questão da crítica e do rompimento está acontecendo agora no Brasil, com o advento do 7 a 1, não só por isso, por ser atípico, mas a partir daí ninguém mais servia, a metodologia é ruim etc. Esperneamos, reclamamos, achamos injusto, mas aqueles que foram inteligentes, e são muitos, escolheram o caminho da formação".

Depois, o ex-técnico da Seleção Brasileira também pontua: "é importante, estava lendo na revista portuguesa, um artigo do coordenador Arnaldo Cunha, que elencou 11 atributos que fortalecem a boa formação do técnico português. Na décima ele elenca a harmonização da formação, mas não uma homogeneização. A formação no Brasil era solta, a harmonização tem regras básicas e dá um direcionamento, que está acontecendo agora. Mas sem homogeneização, de que só existe uma maneira, o certo ou errado. A formação dos treinadores vai produzindo novos conhecimentos. Nós fomos criados sobre o manto de que esconder conhecimento era importante por causa da competição entre a gente. Os treinadores antigos não falavam o que faziam, o que fez com que não escrevessem sobre tática e sobre o processo de treinamento".

Ainda sobre a literatura, como opinou Ximenes, de que o futebol não está à margem da sociedade, o jornalista Bruno Formiga concorda e nos lembra que o "futebol está dentro de uma sociedade que pouco lê, e de um mercado literário fraco em termos de venda. Somos um país que lê pouco, não liga muito para os dados e para a ciência. E aí tem uma culpa generalizada nossa, de não fomentar uma discussão mais profunda, tentar ir sempre no raso".

Gilson Kleina é otimista quanto ao futuro, que realmente tem avançado: "estamos desenvolvendo, você pode ter certeza de que vários profissionais já têm livros, estão escrevendo. Profissionais que, às vezes, não são conhecidos no futebol, mas possuem uma ótima didática, um conteúdo muito valioso e vamos ver o futebol brasileiro com um acervo muito forte". Em conformidade de pensamento, o treinador do Sport Recife, Enderson Moreira, confirma: "estamos vivendo um momento de ruptura e todos nós temos muita consciência que precisamos compartilhar nossos trabalhos, avançar, melhorar o nível".

2.3 A METODOLOGIA DE TREINO

Durante muito tempo no Brasil, o treinamento de futebol foi marcado por uma abordagem que parecia valorizar a quantidade em detrimento da qualidade. Métodos muitas vezes descontextualizados da modalidade, importados de teorias do atletismo e do halterofilismo, eram aplicados de forma indiscriminada. No entanto, nos últimos 30 anos, a metodologia de treino no futebol emergiu como um campo de intensas discussões e avanço em todo o mundo. Nesse contexto, duas abordagens fundamentais ganharam destaque: a Periodização Tática, de Vítor Frade, desenvolvida em Portugal, e o Treinamento Estruturado, de Paco Seirul-lo, desenvolvido na Espanha, ambas representantes do gênero da metodologia sistêmica.

"Não há só uma forma de preparar uma equipa, há várias. Sou partidário de uma que pra mim é a mais específica e ligada ao jogo. Sempre joguei, sou uma pessoa do treino, também ligada à universidade, e aquilo que sempre destaco é que pelo jogo que preparo a equipa. Não faz sentido preparar a equipa pelo que conheço menos, eu conheço o jogo e no fundo a Periodização Tática prepara a equipa através do jogo, do *jogar*", inicia Carlos Carvalhal, brilhante treinador português. De fato, quando se refere ao jogo, o Mister leciona a importância de levar ao treino o máximo da realidade que é uma partida de futebol, com foco na organização da equipe. Por isto, a utilização do termo *jogar* em itálico, pois está ligado a uma modulação específica, uma interação intencional da ideia do treinador com a cultura do clube e com as características dos jogadores à disposição.

A Periodização Tática é uma metodologia de treino que preconiza a organização da equipe tendo o Modelo de Jogo como principal balizador da modulação. Daí dizer que "ela é tática porque é uma organização e sendo assim há uma componente física, técnica e psicológica adjacente, interligada no treino do *jogar*. No fundo, tudo tem influência, desde que não seja retirado do todo. Prepara-se a partir da ideia", complementa Carvalhal.

O ex-treinador da seleção brasileira, Mano Menezes, destaca: "sobre a Periodização Tática é importante colocar para as pessoas que existem várias maneiras metodologicamente de dirigir um trabalho, de alta performance e de ponta, e até mesmo em Portugal, onde as pessoas discutem bastante este método, existem portugueses que a utilizam, e que ganham e perdem, pois isto não é tudo. O que é importante e que não é mais possível treinar é sem uma ideia clara do que você quer jogar, pois se não temos a ideia clara, vamos treinar e perder oportunidades para que o treino seja produtivo, e assim desgastar o atleta mais do que qualquer outra coisa. Treinar é uma relação estreita do que se faz no dia a dia e o jogo". Por isto, a famosa frase que o leitor já deve ter escutado, de que "treino é treino e jogo é jogo" talvez deva ser substituída por "jogo é treino, treino é jogo".

Como nos conta Gilson Kleina, o técnico deve ter nitidez para responder: "Qual é o seu propósito de jogo? O que você pretende no início da programação tática?". Respondido isto, deve-se levar em conta que "o futebol permite vários caminhos, metodologias e adaptações, mesmo que a metodologia sistêmica, presente na Periodização Tática e outras formas/ideias de trabalho prepare uma equipe mais global", como aponta Enderson Moreira, e depois também adverte: "eu falo mais uma coisa. Tem uma questão extremamente importante que é traduzir as nossas ideias nos treinamentos e acima de tudo que a gente consiga ter uma linguagem e fazer com que os atletas entendam as ideias, que a equipe compreenda a forma de trabalho". Portanto, nada adianta o treinador fechar em sua metodologia se os jogadores não estão a compreendendo bem: "a gente pega numa equipe de jogadores, no Brasil principalmente, com dificuldade de entendimento e uma inteligência tática muito diversificada, o que torna um grande desafio", arremata.

Um adendo importante na gênese da Periodização Tática é a sua relação com a dimensão física do futebol, que sempre foi um tanto quanto polêmica e até hoje é. O livro *Periodização-Tática, o Futebol-Arte alicerçado em critérios*, de Bruno Pivetti, da Phorte Editora, publicado em 2012, traz um interessante prefácio de Muricy Ramalho, então treinador do Santos: "não conhecia Periodização Tática, uma das questões que me chamaram a atenção foi a alternativa de a vertente física ser desenvolvida conjuntamente ao trabalho tático por meio de exercícios preparados para o treino. Isso me fez pensar ser possível ter uma intensidade e uma entrega dos jogadores sem necessariamente trabalhar a questão física por si só".

Portanto, para a Periodização Tática, as demandas energéticas que um jogador terá na partida serão preparadas em conjunto das outras três dimensões do jogo (tática, técnica e psicologicamente), sem um treinamento isolado. Isto também porque os criadores dessa teoria propõem que a demanda física que o jogador terá estará diretamente relacionada ao Modelo de Jogo da equipe, pois é ele que vai indicar exatamente as necessidades a serem desenvolvidas.

Sendo assim, há algumas sugestões de que sua aplicação especificamente no Brasil possa ser vista com ressalvas, por um contexto específico aqui presente: "as dificuldades brasileiras são muitas para tudo. Se olharmos para o restante do mundo, existe uma diferença de vinte jogos por temporada. Vinte jogos a mais significam muita perda de qualidade e começa na pré-temporada que é de 18 dias. Não conseguimos fazer muitas coisas do que é necessário em uma pré-temporada, que é solidificar uma ideia de jogo e trabalhar alternativas necessárias. Nestes vinte jogos a mais, perdemos, fazendo um cálculo rápido, dois a três treinamentos por jogo, ou seja, quase sessenta treinamentos numa temporada. Isto significa muitas possibilidades de produzir algo melhor e oferecer mais conhecimento e trabalho aos jogadores", detalha Mano Menezes.

Para aqueles que questionam a qualidade de jogo do futebol brasileiro, o calendário com toda certeza é uma das razões. A diferença com a Europa é abrupta e prejudica muito o trabalho do staff técnico, para implementar a ideia de jogo com maior clareza, tornar os comportamentos dos atletas mais habituais e, principalmente, aplicar variações. Carvalhal levanta uma questão, ao mesmo tempo que opina: "se o período de preparação é curto e se a competição começa com densidade grande, acho que faz todo sentido que a equipa adquira uma base de fundamentos táticos que dure a época toda. Neste contexto, quanto menos tempo, mais direto ao ponto deve ir o treinador".

Entretanto, além da pré-época curta, "aqui temos outro agravante - no início da temporada ainda não temos todos jogadores, ainda estão em contratações. Adiante tem cinco ou seis jogadores novos. Não é tão linear", explica Mano Menezes, reforçado posteriormente por Enderson: "a nossa realidade do futebol brasileiro é que temos muita mudança dos elencos, podemos contar que apenas umas dez equipes mantenham um padrão de elenco. As demais passam por uma grande transformação de ano para ano, e também durante o ano, com movimentos de dez contratações e até quinze dispensas, se transformando em uma nova equipe".

Para piorar, como já elucidado no primeiro tópico deste capítulo, "os grandes problemas que temos é a paciência, a tolerância, com o rendimento da equipe que é muito curto com os resultados. Os trabalhos são interrompidos e cria-se uma bola de neve e faz com que estejamos patinando em cima das mesmas questões", decifra Mano.

Enderson coloca um caso prático: "vou te dar um exemplo. Você já fez em 28 dias 7 jogos fora de casa por 4 competições diferentes? [pergunta a Carlos Carvalhal]". Carvalhal responde que: "Não, mas fiz 7 jogos em 21 dias na Inglaterra, mas alternando casa/fora". O treinador do Sport, à época do Cruzeiro, continua: "eu cheguei a fazer 7 jogos em 28 dias, todos fora de casa. E estamos falando de dimensões continentais, nossos deslocamentos são enormes e é mais um treino perdido a cada viagem. No Nordeste, uma cidade que fica a 700 quilômetros uma da outra, precisamos ir para Brasília para depois retornar para o Nordeste, pois não há voo direto. Não é só uma questão de metodologia de treino. A exceção de grandes clubes que podem fretar um avião, além de pouco tempo para treinar, o tempo que temos é com um atleta em situação precária, desgastado".

Independentemente da realidade, é unânime a posição: "não tenha dúvida que quanto mais clara a ideia, de como vamos jogar, mais rápido vamos chegar à organização tática e precisamos avançar. Não estamos aqui só para arrumar desculpas. Os problemas estão aí e vamos ter que caminhar para solucionar ao mesmo tempo que tentamos convencer as pessoas a ter um calendário mais equilibrado", cita Mano.

Em alternativa, uma das ações necessárias é uma rotatividade do elenco, que precisa ser alicerçada em critérios, nem sempre aceitos: "na medida em que a rotatividade mantém resultados está tudo bem, mas na medida que troca muitos jogadores, a qualidade cai e o resultado não vem, pois o nível de paridade no Brasil entre as equipes é muito grande. E isto traz um ambiente de derrota, fazendo cair a confiança necessária entre jogador, torcida e técnico", pondera o ex-Internacional, Flamengo, Bahia e Cruzeiro.

Do outro lado do Atlântico, Carvalhal reconhece: "são as dificuldades do treino com a pressão de ter que ganhar rápido que tornam as decisões emergentes. Limita muito o pensar mais à frente, tem que ser sempre a curto prazo. Isto é terrível para a capacidade de planeamento. No meu entendimento, quanto menos tempo tenho para treinar, mais devo ir ao fundamental e ser específico. E o fundamental é o jogo, o *jogar*, ter uma ideia e a equipe expressar a ideia do treinador. Quanto menos espaço para treinar, todo esse tempo deve ser utilizado para melhorar a equipe, mesmo no período de recuperação, sem criar dano à fadiga central com demasiada informação. A recuperação pode ser feita de diversas formas, com informações específicas. A própria recuperação tem que servir de preparação, e neste sentido o vídeo ajuda muito".

O desafio é enorme e muitos dos comportamentos necessitam do treino, mas Enderson chama a atenção: "temos uma ideia que vamos resolver tudo com treinamentos. Na base, eu trabalhei e você tem muito tempo, vai criando processos de maneira definida. No profissional, hoje, sou muito refém do vídeo. O que não consigo colocar em campo, o vídeo tem sido um grande companheiro. Através das imagens, tenho conseguido criar uma situação de ganho boa, com intervenções mais precisas, com filmagens mais abertas".

Assim, fica claro que o processo de modelação passa por várias etapas, em que "a grande ferramenta do treinador é o processo de treino, é um ponto em que você consegue diferenciar um treinador bom de um ruim, avaliando o processo de treinamento que cada treinador aplica", soma Cyro Leães.

Avançando no assunto, concluímos sobre os diversos e complexos desafios relacionados ao treino. Não há planilha pronta, ou método infalível, muito menos a certeza da vitória. Entretanto arrisco dizer que todos os profissionais da gestão técnica de futebol deveriam ler e aprofundar os seus estudos acerca da Periodização Tática e, principalmente, as teorias que serviram de base para sua criação. Teorias estas retiradas para além do esporte, como a Teoria de Sistemas, Teoria da Complexidade, Teoria do Caos, além de conhecimentos de geometria, neurociência, entre outras áreas.

Felipe Conceição, treinador com passagens por América Mineiro, Cruzeiro e Red Bull Bragantino, discorre: "um dos fatores desta metodologia, a periodização tática, é que ela dá liberdade de cada treinador construir o seu processo, te dá embasamento e depois cada um constrói da sua maneira. A metodologia não é uma receita de bolo e esta pode ser uma dificuldade dos treinadores em usar, ela te dá embasamento para você construir seus pensamentos e sua ideia de jogo sem copiar, que é o ideal, construindo a sua ideia e filosofia".

A Periodização Tática é construída sobre um viés conceitual, que já explicamos, com a abordagem da "tática" ser a matriz unificadora das outras vertentes do jogo, mas também sobre um viés metodológico no sentido da organização da semana de treino. Há o chamado morfociclo padrão, que dá "esse embasamento para montar os treinos, seu planejamento. Em cima desta Periodização, os treinamentos são todos com objetivos. Cada trabalho, cada minuto que você está dentro de campo, você está trabalhando a questão comportamental que você quer que apareça no jogo, e isso não te deixa perder tempo. E a análise de vídeo também ajuda, a interação com atletas de maneira rápida com fluidez e essa hierarquização dos conteúdos para você não ultrapassar o limite daquele grupo no momento que você está iniciando o trabalho", descreve Conceição.

A própria maneira de construir o Morfociclo prevê avaliações do trabalho, na qual se estabelece indicadores: "no momento que está modelando o processo, de observar cada treino aquilo que o grupo respondeu e no dia seguinte você retorna um pouco atrás ou avança, e tudo isto é no dia a dia. Eu não monto minha semana de trabalho com muita antecedência, tento ficar uma a duas horas montando os treinamentos antes, pois este processo não é linear e você tem que respeitar isso. Fazer um planejamento quinzenal ou de temporada, já definindo seus treinamentos acho equivocado pois você não analisa a resposta do grupo àquele dia de trabalho", finaliza Conceição.

O Morfociclo Padrão é norteado por três princípios: o Princípio da Progressão Complexa, o Princípio das Propensões e o Princípio da Alternância Horizontal em Especificidade. Não vamos nos aprofundar nestes estudos, já que não é o foco do livro, entretanto fica evidente a possibilidade interessante de se tirar embasamentos gerais da Periodização Tática, mesmo que não se aplique inteiramente: "cada treinador tem a sua ideia, o mais interessante é que todas elas sejam pensadas em um modelo de jogo. Então, eu sempre digo: 'o bom é sempre aproveitar o que cada metodologia tem de bom'. A Periodização Tática é muito complexa e tem pessoas que imaginam estar aplicando e não estão. Particularmente, como ex-preparador físico, faço por microciclos. Estabeleço o que quero trabalhar naquela semana, e vou contextualizando diariamente. Baseio-me na Periodização Tática com relação às valências físicas, a minha ideia da semana, em relação à tensão, à duração e à velocidade. Gasto ao menos três horas para elaborar e discutir o treino da semana com o auxiliar, o treinador de goleiros e o preparador físico", enobrece a discussão Fábio Lefundes, treinador com ampla experiência no mercado asiático.

Lefundes conta-nos ainda a evolução da profissão do preparador físico nesse novo contexto: "eu brinco que os preparadores físicos que trabalham comigo é um pouco mais complicado, pois eu entendo o que eles estão fazendo. Mas o preparador físico continua sendo muito importante no processo de construção do modelo de jogo do treinador. Quando surgiu a periodização tática, todos acreditavam que essa função iria acabar. Mas se tem uma área dentro do futebol, principalmente o brasileiro, que não deixa o conhecimento ficar fora do realinhamento, é a preparação física. Eles se reinventaram e ainda buscaram outras funções dentro do trabalho que eles já desenvolviam antes. Entenderam o princípio da especificidade e da sobrecarga, que regem o treinamento moderno".

2.4 ASPECTOS TÁTICOS DO JOGO

A tática é um dos assuntos mais fascinantes e abrangentes quando falamos de futebol. Por mais que as pessoas tentem reduzi-la à simplicidade, garanto que o jogo é bem mais complexo dentro das quatro linhas do que as pessoas imaginam. Para começar: qual o conceito de tática?

> A tática (do grego 'taktikê', que significa, no contexto militar, a arte de dispor e empregar as tropas no terreno de combate) no nosso entender é a forma como os jogadores gerem/ocupam os espaços de jogo, por meio de seus posicionamentos e movimentações[4].

Importante salientar, por mais que estudemos, por vezes, esta gestão de espaço "dividida" em momentos do jogo (ofensivo, defensivo, transição ofensiva e transição defensiva), eles devem ser relativizados, pois "o jogo tem um fluxo contínuo, não para em cada momento, e os diversos momentos estão ligados numa ordem não sequencial", e por consequência, "a sua denominação existe apenas para nos orientarmos, porque na prática não 'existem' momentos devido à fluidez do jogo"[5].

Dado esse conceito, já desmontamos a máxima de que a tática se reduz ao sistema tático. E o pior: confundem sistema tático com esquema tático, dois conceitos completamente diferentes. Aliás, na imprensa em geral, existe uma confusão generalizada: "muitas vezes, usa-se a mesma denominação para conceituar fenômenos distintos do jogo. Neste caso,

---

[4] TEOLDO, Israel; GUILHERME, José; GARGANTA, Júlio. *Para um futebol jogado com ideias*. 2. ed. Curitiba: Editora Appris, 2021

[5] 'CARVALHAL, Carlos; LAGE, Bruno; OLIVEIRA, João Mário Futebol. *Um Saber Sobre o Saber Fazer*. 2. ed. Lisboa: Prime Book, 2014.

temos a definição de sistema tático, se confundindo também com a de modelo de jogo e vice-versa"[6].

O glossário publicado pela CBF[7] conceitua bem essas três terminologias, transcritas *ipsis verbis* a seguir:

> Sistema Tático - Sistema de Jogo: geralmente os sistemas de jogo de uma equipe são descritos no formato numérico, indicando (goleiro, defesa, meio-campo e ataque), como, por exemplo: 1-4-4-2, 1-3-5-2, 1-4-2-3-1, entre outros. No entanto, o sistema de jogo constitui-se pelas partes combinadas de uma equipe que, quando reunidas, compõem a sua totalidade, na busca pelo resultado competitivo. É importante destacar que apesar das equipes adotarem sistemas de jogo similares na descrição, estas não irão atuar da mesma forma durante as partidas. Por isso, ao falarmos em sistema de jogo ou sistema tático é prudente considerarmos o número de jogadores/jogadoras por setor e a disposição deles/delas em campo.
>
> Esquema Tático - Esquema de Jogo: São as ligações estabelecidas entre os/as jogadores/jogadoras durante as partidas, ou seja, a forma como eles/elas se relacionam ou se comunicam a partir das funções desempenhadas em campo, das suas virtudes e limitações.
>
> Modelo de Jogo: É o conjunto de referências táticas que permite delimitar e concretizar o treinamento e a competição, ou seja, é o modelo de jogo que oferece significado aos conceitos e princípios sobre uma forma de jogar, permitindo uma maior ou menor transferência do treinamento para uma determinada forma de competir.

O debate tem o seu começo exatamente nesse alvoroço criado pelas pessoas sobre o sistema tático, quando na verdade ele não significa muito em uma boa análise, como destaca Fábio Carille, ex-treinador do Corinthians e Santos: "sistemas são muito bonitos para a TV, para o início do jogo, mas aí você vai ver e em nenhum momento a equipe fica desta forma, pois está sempre mudando. É a bola que mostra o seu posicionamento. É a bola que determina a realidade, seu adversário e os princípios".

---

[6] DRUBSCKY, Ricardo. *Universo Tático do Futebol*. 2. ed. ampliada. Belo Horizonte: Editora Escola Brasileira, 2014.

[7] CBF ACADEMY. *Glossário CBF Academy*. 2020. Disponível em: https://www.cbf.com.br/cbfacademy/pt-br/noticias/241-ebook-glossario-do-futebol-brasileiro. Acesso em: 1 fev. 2024.

Guardiola, no livro assinado por Martí Perarnau[8], brinca: "são só números de telefone. Não importam, não têm relevância. Gosto de homens que sabem jogar e ocupar o meio de campo". Zé Ricardo, atual treinador do Cruzeiro, concorda: "o mais importante é fazer com que esses números se interajam no campo e transforme em uma equipe que os adeptos reconheçam uma identidade. Mais importante do que o sistema, é embutir um estilo de jogo".

A modelação do estilo de jogo, como bem lembra Adilson Batista, com passagem recente pelo Londrina-PR, vai muito de acordo com o que seu plantel oferece: "partindo dos princípios você vai modulando, colocando suas ideias e conceitos, levando para o treino. Dentro daquilo que você tem, vai alternando. O atleta vai te mostrando. Tem atleta que acha que é meia, mas não sabe jogar de costas, não tem um bom domínio, boa visão. Às vezes ele é melhor no canto e, com o tempo, nos jogos e treinos, você vai percebendo".

Não existe uma boa modelação de jogo, nome dado para o processo de construção de um Modelo de Jogo Adaptado, sem compreender algumas influências que este sofre: o contexto geral da equipe, como objetivos para a temporada, a posição na tabela, a confiança, até as características dos jogadores e a identidade cultural do clube, isto é, como ele joga historicamente.

Em termos de organização ofensiva, um tópico muito crescente nos últimos anos é a famigerada "saída de 3" (também denominada saída lavolpiana). Basicamente, forma-se uma linha de três jogadores, seja descendo um volante ou encostando um lateral, ou até mesmo com três zagueiros, para fazer a saída de jogo da zona de iniciação até a altura da zona de construção.

A modelação disso precisa levar muito em conta as características dos seus jogadores: "precisa ter jogadores qualificados para tal, um volante com boa saída de jogo, leitura de um perigo da bola, pois você não pode tomar contra-ataque. Não queira fazer algo que não dá", alerta Carille.

A razão de ser desse mecanismo é avançar alas para ter superioridade no meio e conseguir vencer a primeira linha de marcação: "na saída de três, qual é a possibilidade que os treinadores vêem nisso? Quebrar as primeiras linhas mais facilmente. Só que tem que ser bem elaborada, bem trabalhada, com jogadores capacitados para isso. Principalmente para os zagueiros saírem jogando", complementa o ex-meio campo Tcheco, atualmente treinador.

---

[8] PERARNAU, Martí. *Guardiola Confidencial*. Campinas: Editora Grande Área, 2015.

De nada adianta levar a bola até o meio de campo e quebrar ela de qualquer maneira, como continua o ídolo de Grêmio e Coritiba: "é difícil ter três zagueiros que são bons tecnicamente, então os treinadores preferem não arriscar. Você quebra na primeira e na segunda linha, seja pelo lado ou pelo meio também, ganhando facilidade em trabalhar a bola no ataque. Aí você consegue desenvolver com o lateral que já está adiantado, com o extrema que pode fechar por dentro, ou um falso nove, tudo depende do esquema que está usando".

Gilson Kleina é bem didático ao observar essa saída de três e dá uma dica ao treinador adversário que vai enfrentá-la: "você faz uma saída de três, aí o treinador do rival vai analisar quem tem o bom passe. Você tem a saída de três até o meio-campo, se conseguir o passe entre linhas, depois uma inversão, será da qualidade dos jogadores. Portanto, identifica-se quem tem o bom passe para ele ser marcado, porque ele passa a ser um dos primeiros construtores da organização ofensiva. Hoje em dia, até o goleiro costuma fazer parte desta situação". O volante Willian Farias, ídolo do Coritiba, reforça a tese: "além de gerar superioridade numérica, gera possibilidade de passe. Quando meu time tem a bola, gosto de ter esta leitura e baixar para participar mais do jogo".

Mais do que a característica de um bom passe, os jogadores que farão essa iniciação da jogada, precisam de coragem: "a saída de três funciona muito bem quando os dois zagueiros [que abrem para o volante infiltrar] não tem medo de jogar por fora. Eles precisam ter essa confiança de abrir o campo, espetar os laterais e fazer os extremos virem por dentro. O time precisa ter confiança em espaçar. Porque, senão, fica apenas mais um jogador ali e o time acaba perdendo um atleta em caso de perda da bola", adverte Fillipe Soutto, volante atualmente no Botafogo-SP. O zagueiro Léo, ex-Cruzeiro, tem a mesma preocupação: "é necessário ter mecanismos de pós-perda também, evitar situações de transição. Minha visão é de zagueiro, precisamos ter uma recomposição rápida".

O também zagueiro Wallace, com passagens por Flamengo, Corinthians e Grêmio, opina: "depende muito de quem você enfrenta. A saída de três não pode ser a única que vai fazer no jogo, pois depende de como vão te marcar. O adversário vai baixar as linhas ou marcar pressão? Você fazer a entrada do volante depende muito de como o adversário joga".

Essa saída também pode ser usada para atrair o adversário e jogar nas costas dele, acrescenta Adilson: "você induz para ter espaço no meio". Alberto Valentim conclui: "a gente tem alguns conceitos que eu defendo, de procurar sair sim com a qualidade dos zagueiros, ou com esse volante que vem fazer o terceiro homem ou o próprio lateral, mas dando o máximo de tranquilidade para que ele saia com segurança e não tomar contra-ataque ali, principalmente na saída de bola onde seu time está mais exposto, mais aberto".

Duas posições que evoluíram muito para o time com posse, na saída de jogo principalmente, são as de volante e de zagueiro, que possuem maiores responsabilidades ofensivas, mesmo que ainda dependam do todo da equipe: "todos os atletas são responsáveis por essa parte da criação. Antigamente a gente via a equipe bem dividida em três partes: defesa, meio e ataque. E hoje é uma só. O zagueiro hoje em dia, falando de uma forma macro, ele tem muito mais recursos. O campo ficou menor, principalmente para quem joga no meio de campo, e todo mundo quer acelerar para chegar no campo adversário. Mas acredito muito nesta mudança pelo campo que ficou pequeno", pontua Wallace.

Justamente o campo menor fez com que o espaço efetivo de jogo concentre os defensores ficando mais tempo com a bola, decidindo por onde a jogada irá fluir. Mas, mais uma vez, é preciso analisar o coletivo e as interações entre os jogadores: "vejo as funções individuais como parte do coletivo, há a necessidade de interação de todos os atletas para que cada um execute bem a sua participação. A função do 'regista' (primeiro volante que sai com o jogo), necessita de que outros atletas abram linhas de passe. O próprio volante 'box-to-box' necessita de um esquema com coberturas. Sempre vai prevalecer o coletivo", finaliza Willian Farias.

A organização ofensiva das equipes ganhou um debate intenso no Brasil nos últimos cinco anos: uma disputa entre o jogo posicional e o jogo funcional. Ambos partem da premissa de ter a bola como uma ferramenta, de forma apoiada no qual o portador consegue ter variadas linhas/zonas de passe, assim como um ataque mais pausado do que direto, com maior circulação da bola.

A questão é que o primeiro estilo, o posicional, tem premissas, como o próprio nome diz, de privilegiar a ocupação dos espaços de forma simétrica, com amplitude e profundidade máxima (tornar o campo grande), enquanto o segundo estilo, o funcional, é mais anárquico, com jogadores aglomerando em um lado do campo, às vezes com seis ou sete atletas, buscando tabelas rápidas, criando um lado forte para terminar a jogada do outro, entre outras características.

"A bola vai às posições, e não as posições vão até a bola" ou "a ordem alimenta a espontaneidade". Essas frases são atribuídas respectivamente a Juanma Lillo e Pep Guardiola[9], e talvez ilustrem bem o que é o jogo posicional, como também contribui o treinador Ricardo Drubscky: "se você tem 11 peças para criar alguma manobra para fazer com que a bola chegue ao gol, você cria estratégias posicionais, de ocupação e domínio do espaço, para que a bola flua com mais inteligência. O jogo posicional nada mais é do que a medida que a bola anda no terreno você tem posições e funções estratégicas. Não precisa ficar plantado, pode haver trocas, mas o tabuleiro precisa estar preenchido".

Justamente pelo preenchimento do terreno de forma estratégica é que se criou um possível raciocínio de que o jogador brasileiro tenha mais dificuldade de esperar a bola no espaço, ou seja, de dominar primeiro o espaço para depois interagir no tempo: "a dificuldade de realização, eles entendem. Eu gosto do 1-4-3-3, vou dar amplitude com os extremos e eles tem que permanecer lá, pois vai ter a penetração do meia. Aí, se quero criar superioridade no meio, vou mandar o centroavante sair da área", situa Adilson Batista.

O desacordo acontece pela característica do jogador querer a todo tempo se aproximar da jogada, sem a devida calma: "temos que ter pelo menos dois jogadores inteligentes, que abrem linha de passe e tenham paciência de ficar no lugar. Não adianta vir no pé do volante e tocar a bola pro zagueiro. Fica lá que a bola vai chegar", adiciona Fábio Carille.

Zé Ricardo elenca algumas particularidades para que o jogo posicional flua: "o jogo posicional é essencialmente coletivo e requer alguns princípios básicos, como uma troca constante de passes para desequilibrar o adversário e buscar superioridade entre as linhas, ter a amplitude e a profundidade, sendo que alguns trabalham mais a amplitude, pois utilizam falsos nove. Sempre o portador da bola precisa ter um suporte para que ele consiga dar fluidez ao jogo. A busca pela superioridade é constante para criar os espaços e jogadores livres, para depois haver mudança de ritmo e velocidade".

Ele também acredita que "o jogador brasileiro é totalmente capaz. O que parece ser o dilema é o compromisso para fazer isso, como o próprio Guardiola diz, você precisa se sacrificar e não ter tanto a bola, isso é um compromisso e por isso a importância de ter uma continuidade. Li no

---

[9] BOZSIK, József. Entre a bola e o homem há o espaço e o tempo: ataque posicional, jogo de posição e ataque funcional. *Medium*, [*s. l.*], 27 abr. 2018. Disponível em: https://medium.com/@Jozsef_Bozsik/entre-a-bola-e-o-homem-h%C3%A1-o-espa%C3%A7o-e-o-tempo-ataque-posicional-jogo-de-posi%C3%A7%C3%A3o-e-ataque-89fd98088355. Acesso em: 1 fev. 2024.

livro, salvo engano do Klopp, que são necessárias 150 horas de vídeo (parte teórica) para que você, partindo do início de uma equipe não habituada a este tipo de jogo, para que adquiram o mínimo de capacidade. Exige um comportamento e sacrifício maior".

Existe uma diferença sutil entre o que chamamos de Jogo Posicional e Jogo de Posição. Ambos

> [...] valorizam a posse de bola através de prolongadas trocas de passes de curta distância. Prioriza-se longa duração no tempo dos ataques, passes nas diferentes direções do campo, lenta transmissão da bola e grande quantidade de jogadores envolvidos na circulação. Pode ser orientado tanto para finalização como para a conservação da posse[10].

Entretanto,

> [...] o jogo de posição é o uso de tudo isto dentro de uma maneira específica de jogar o futebol. Ele pode ser caracterizado pela busca constante do terceiro homem em todas as suas ações de construção de jogo. Mas não é qualquer terceiro homem (presente em qualquer tipo de triangulação), mas sempre o terceiro homem que se encontra livre por trás das linhas de pressão do rival[11].

Para que o leitor entenda melhor, o Jogo de Posição talvez mereça uma outra tipologia, mais adequada:

> Seirul.lo prefere falar de situações em lugar de posições. Portanto, descreve um jogador em uma determinada situação em um determinado EdF (Espaço de Fase), sendo capaz de mudar de uma situação para outra no decorrer do jogo. A partir dessa leitura, paramos de falar em Jogo de Posição para nos referir ao Jogo de Situação. Uma evolução mais líquida dessa maneira de jogar[12].

Apesar do jogo de posição ser uma cultura de um futebol tradicional, com origens na Holanda de 1974,

---

[10] REIS, Marcos; ALMEIDA, Marcos. *Futebol, Arte e Ciência* - Construção de um Modelo de Jogo. Natal: Editora Primeiro Lugar, 2019.

[11] BOZSIK, József. Entre a bola e o homem há o espaço e o tempo: ataque posicional, jogo de posição e ataque funcional. *Medium*, [s. l.], 27 abr. 2018. Disponível em: https://medium.com/@Jozsef_Bozsik/entre-a-bola-e-o-homem-h%C3%A1-o-espa%C3%A7o-e-o-tempo-ataque-posicional-jogo-de-posi%C3%A7%C3%A3o-e-ataque-89fd98088355. Acesso em: 1 fev. 2024.

[12] SERRA, Agustin Peraita. *Espaços de Fase* - Como Paco Seirul-lo mudou a tática para sempre. Porto Alegre, 2021.

> [...] sua origem (Jogo de Posição) não foi científica, mas no próprio esporte. Podemos verificar literaturas e treinadores com relevância já tendo falado sobre o tema. Porém ainda não há esse assunto aprofundado em termos acadêmicos, com validade científica[13].

Fica claro que o Jogo Posicional está contido no Jogo de Posição, no qual este se acrescenta algumas peculiaridades mencionadas. Indiferente a isto, o que é fundamental são as triangulações para enganar o adversário: "se você conseguir encostar três jogadores qualificados, tocar quatro, cinco vezes na bola, provavelmente vão chegar mais adversários e você vai encontrar espaço por dentro ou do outro lado", pondera Carille.

Atrair e enganar: dois verbos presentes nesse estilo de jogo. A condução de bola é sempre importante, o famigerado fixar o adversário, fazer com que ele salte para tentar o bote ou se agarre mais na marcação (encaixes): "a triangulação, nós brasileiros, sabemos muito bem fazer. Através do primeiro apoio, você tem um jogador que se movimenta atrás da última linha. Como as linhas defensivas estão cada vez mais treinadas, sistematizadas, organizadas, é importante que você crie superioridade numérica, muitas das vezes pelo jogo individual que é um desequilíbrio técnico, para que depois aconteça um desequilíbrio tático" participa Zé Ricardo.

Ele também ressalta que só ter posse de bola nada adianta, é estéril: "a posse de bola é uma ferramenta e não o fim do jogo. O jogo horizontal acaba acontecendo para você deslocar o adversário para um lado e determinar a zona. As linhas baixas do adversário requerem que você prepare para atacar no momento certo, senão você corre risco de perder a bola e tomar uma transição. O jogo posicional te coloca com 3 a 4 opções de passe. A partir daí, uma sequência de operacionalização das jogadas e infiltrações em espaços livres acaba criando o terceiro jogador".

Uma marca do jogo posicional, como abordamos, é a amplitude máxima, normalmente feita com lateral ou extremos. O objetivo é espaçar a equipe adversária, abrir espaço por dentro ou criar uma situação de vantagem qualitativa do ponta com o lateral adversário. Mas qual o melhor remédio defensivo para isto? Felipe Conceição, treinador com passagens por RB Bragantino, Cruzeiro e América, aposta em uma basculação ajustada: "o meu jogo por ser muito agressivo não permite a circulação do adversário que é o momento que usam mais essa amplitude do lado contrário. Do lado da bola, como balançamos de

---

[13] SUHRE, Christopher. Qual diferença entre Jogo de Posição e Ataque Posicional? *Ciência da Bola*, [*s. l.*], 6 abr. 2024. Disponível em: https://www.cienciadabola.com.br/blog/jogo-posicional-ataque-posicional. Acesso em: 3 nov. 2023.

forma agressiva, a gente não permite essa liberdade. Do lado contrário, pode vir a ser usado, mas evitamos na origem". A ideia de Conceição faz total sentido e encontra respaldo na teoria dos Espaços de Fase, na qual "a vantagem posicional em zona de cooperação, não existe como tal, já que no lapso que necessitaria a bola para chegar, daria tempo a que o oponente direto ao receptor desfizesse qualquer vantagem fruto do posicionamento e da perfilação"[14].

O treinador Zé Ricardo também aposta muito na linha do que menciona Felipe: "parte do sincronismo que você tem lá na frente e que você consegue fazer com que o adversário não jogue de frente o tempo todo, com tempo de observar". Ele também cita que "a linha de cinco é uma alternativa e isso não significa um futebol necessariamente defensivo. É uma forma de jogar que tem barreiras no Brasil. Quando não consegue uma pressão no portador da bola e tira o lateral para marcar a amplitude, você abre um espaço para os meias adversários infiltrar e jogar nas costas dos zagueiros. É preciso manter uma linha de quatro bem compacta para não dar o centro de jogo ao adversário e fazer com que os extremos trabalhem na recomposição. Mas está mais na pressão do portador da bola do que na escolha de fazer uma linha de cinco ou de quatro. A pressão é que vai tirar a precisão do passe no extremo".

Gilson Kleina faz coro a linha de cinco, mas faz ressalvas: "a linha de cinco não pode ter a conotação de ser simplesmente defensiva, aí depende o bloco que você vai trabalhar. Eu acho que pode trabalhar em linha de cinco e você pode ser agressivo. Mas para ter o bloco alto você tem que ter jogadores para essa situação. Hoje as equipes que propõem o jogo, fazem uma linha alta, e se você também colocar a sua muito lá atrás, alguma hora eles vão achar esse passe".

A pressão no portador atrapalha no sentido de ele precisar olhar mais para baixo, para manter o controle da bola e ter maior dificuldade na alavanca motora para um lançamento em ruptura. A estratégia também passa por conhecer o adversário, adverte Tcheco: "se tem algumas maneiras de você tirar essa amplitude, ou forçar algum erro, primeiro é preciso estudar o adversário. Saber quais os pontos fracos e fortes, para poder elaborar um contragolpe e ele também se preocupar com seu time".

É impossível fazer uma correta abordagem deste tópico sem agora adentrarmos em dois conceitos indispensáveis: a bola coberta e a bola des-

[14] SERRA, Agustin Peraita. *Espaços de Fase* - Como Paco Seirul-lo mudou a tática para sempre. Porto Alegre, 2021.

coberta. Para que o leitor melhor compreenda, vamos recorrer *in totum* ao *Glossário do Futebol Brasileiro*[15]:

> Bola Coberta e Descoberta: é o princípio que orienta as ações dos jogadores no setor defensivo, que deve reduzir o espaço de jogo efetivo no sentido do eixo longitudinal (profundidade) caso um jogador da equipe esteja próximo ao jogador que tenha a posse de bola (bola coberta). Caso o jogador da equipe esteja distante do adversário possuidor da posse de bola, os jogadores do setor defensivo devem se manter ou se deslocar para uma posição que propicie a possibilidade de realizar uma cobertura caso a equipe adversária realize um passe longo para os atacantes.

Esclarecidos os conceitos, é possível relacionarmos com a discussão em andamento, pois "se você não fizer essa pressão, será uma situação descoberta, e entra também o posicionamento gestual, é uma situação que trabalhamos muito. A visualização do homem da bola, significa a possibilidade do adversário fazer essa bola longa", destaca Gilson Kleina.

Alberto Valentim vai no mesmo sentido: "é muito importante esse ataque no homem da bola, diminuir o espaço o quanto antes para que esse jogador que tem a posse de bola não tenha a oportunidade de pensar". Carille é ainda mais didático: "é preciso ditar a distância da bola no pé do jogador. Se tiver muito perto ele não tem a alavanca para fazer o lançamento. Se estiver sendo pressionado vai ficar olhando para baixo e também não vai enxergar o companheiro longe. Então na bola descoberta, o treinamento de corpo do zagueiro tem que ser feito para variar, ficando já de lado e não de frente, pois até girar e estar pronto para correr, perde tempo".

O central Léo comenta a importância de se observar isto desde lá de trás: "quando a bola está descoberta e o adversário tem liberdade de levantar a cabeça é um momento que não se pode permanecer com a linha alta. Já com a bola coberta, é um gatilho para subir a linha e manter a compactação". Daí dizer que as características dos avançados do seu elenco, se é de pressionar ou se é um pouco mais lento, vai impactar na forma de defender. Ele complementa: "não são só os zagueiros que marcam, o futebol atual exige que toda equipe defenda. Os atacantes e pontas são importantes nisso".

Avançando na pauta, fica evidente a relevância de uma leve altercação acerca dos tipos de defesa. Mais uma vez utilizaremos o *Glossário do Futebol*

---

[15] CBF ACADEMY. *Glossário CBF Academy*. 2020. Disponível em: https://www.cbf.com.br/cbfacademy/pt-br/noticias/241-ebook-glossario-do-futebol-brasileiro. Acesso em: 1 fev. 2024.

Brasileiro, emitido pela CBF[16], como ponto de partida dos conceitos. Insta salientar que o glossário "foi uma interessante iniciativa, fazendo parte da evolução do futebol brasileiro iniciar este documento para que os termos sejam comuns e a linguagem e a comunicação sejam facilitadas", celebra Thiago Larghi, treinador de futebol ex-Galo e Goiás.

> Individual - É o tipo/método de defesa em que o defensor procura um atacante marcando-o de forma agressiva, permanentemente, e evitando que este receba a bola sob quaisquer circunstâncias. Este método promove situações de igualdade numérica em todo o campo, a todo momento, com exigência da atenção seletiva, alta responsabilização individual e elevada exigência da dimensão física do defensor, que deverá marcar o atacante de modo constante.
>
> À zona - É o tipo de defesa em que o jogador é responsável por uma determinada zona do campo, ou seja, o defensor é responsável por um espaço e não por um adversário, ou seja, o defensor intervém desde que no espaço de sua responsabilidade adentre a bola, o adversário com a bola ou o adversário sem a posse de bola. Este método defensivo estabelece uma organização por linhas defensivas, em que a equipe se organiza com uma primeira linha em função da posição da bola e uma outra linha defensiva que assegura a cobertura da primeira, caso esta seja superada pela equipe adversária. Além disso, o tipo à zona introduz a organização da "defesa em linha", com o objetivo de diminuir a profundidade da equipe, reduzir o espaço de jogo ofensivo, dificultar a penetração e a infiltração dos atacantes nas zonas favoráveis à finalização e recuperar a bola fazendo uso da regra do impedimento. Exige ajuda mútua e solidariedade.
>
> Zona Pressionante - É o método de defesa no qual os defensores atuam de forma agressiva na tentativa de recuperar a posse da bola ou promover que a equipe adversária cometa erros estratégicos, táticos ou técnicos. A zona pressionante permite que cada defensor se desloque para outras zonas do campo, especialmente aquelas próximas do centro de jogo, com a finalidade de aumentar a concentração de jogadores e reduzir o espaço efetivo. Neste método, impõe-se, de forma contínua e independente das alterações situacionais, a marcação agressiva a zonas e a jogadores que oferecem possibilidades à continuidade do ataque adversário. Deste modo, para

[16] CBF ACADEMY. *Glossário CBF Academy*. 2020. Disponível em: https://www.cbf.com.br/cbfacademy/pt-br/noticias/241-ebook-glossario-do-futebol-brasileiro. Acesso em: 1 fev. 2024.

> promover uma maior concentração defensiva, diminui-se a pressão exercida aos atacantes posicionados mais longe da bola. Além disso, procura conduzir o ataque adversário para um espaço do campo onde a equipe defensora tenha vantagem para recuperar a bola. A zona pressionante requer, para o aumento da concentração e organização defensiva, homogeneidade da ação dos defensores independentemente das ações ofensivas adversárias, bem como uma comunicação curta, direta e com significado, coordenação, solidariedade e espírito de equipe dos jogadores que a realizam.

Adilson Batista lembra-nos que a marcação individual pura já não é mais usual: "a gente não vê mais isso no mundo, nem marcando o Messi. É sempre setorizado, você roda as linhas. Se você individualizar, e eu já cometi esse erro, esse atleta te leva para um canto, traz esse jogador e cria um espaço que não existia. Alguns atletas são afoitos, não têm paciência, incomodados com gritos de que tem que pressionar. Tem o momento, o lugar, a hora e o jogador certo para induzir, pressionar e fazer um pós-perda". Ricardo Drubscky está em sintonia: "quando você marca individual, e no Brasil nós vivemos muito tempo responsabilizando, basta um jogador desatento para que todo o projeto defensivo seja prejudicado".

O jogador brasileiro, por vezes, sente falta deste embate homem a homem e acaba fazendo um papel mais de cão de caça do que de guarda, critica Felipe Conceição: "e não são apenas perseguições curtas, são também perseguições longas que desestruturam a equipe". Ele explica que "na marcação por zona, em essência, sua primeira referência é a bola, depois o companheiro, o espaço e o adversário. A maioria dos defensores e meias sentem muito no início do processo, pois a tendência é seguir. Não sou contrário à marcação individual, mas tem quem fala que faz marcação zona e na verdade faz uma individual por setor. Isso é ruim para o atleta".

Carille também se inquieta sobre o assunto: "nós estamos nos preocupando muito mais agora com a questão posicional. É um trabalho que requer um grande tempo, pois fica cômodo para o atleta: 'esse aqui é meu e acabou, vou com ele até o fim. Entender que muitas vezes não é o jogador o importante, mas o espaço criado no meio de campo, principalmente em cima da linha defensiva, ter a noção de que para o adversário fazer o gol a bola tem que passar ali. Já aconteceu comigo de adversários colarem no Rodriguinho, ele cair para o lado e abrir espaço a outros jogadores. É uma dificuldade, não é de um dia para o outro para ajustar isso, eles precisam perceber que acabam correndo menos e estando no local que a gente quer".

Drubscky acrescenta: "a marcação zona é mais econômica em termos físicos. Você vai filtrar melhor o adversário. O atacante deve estar defendendo onde o bloco da sua equipe está. Se está baixo, tem que estar ali, assim como se está alto o zagueiro também que estar lá. O jogo moderno se joga em 35 metros".

Mas seria possível alterar essa lógica de marcação conforme o adversário avança no terreno de jogo? "Se você chega no bloco baixo e em sua zona de perigo e fala para o atleta perseguir, você está mudando seus conceitos e isso é perigoso. Imagina você pedir ao atleta em dois terços do campo para marcar na zona e no último perseguir. Como treinar esses dois tipos de comportamentos e em fração de segundos o atleta ter que mudar isso? Lógico que há momentos que você vai perseguir até o final, num momento final. Utilizo sempre a mesma linha de raciocínio", opina Conceição.

Alberto Valentim compartilha um pouco de como ele operacionaliza isso no trabalho: "nós fazemos marcações com estacas. Trabalho com coletes, com os números que nós imaginamos ali dos adversários, e eu vou chamando os números, posicionando os jogadores, para realmente a gente ter esse ataque na marcação do homem da bola, esse encurtar no homem que provavelmente vai receber a bola. Tudo isso é treinado. O posicionamento corporal eu pego muito pesado com os atletas, para que realmente levem vantagem nos milésimos de segundos. Eu trabalho muito na marcação zona, deixando também claro para o jogador que vira, em alguns momentos, individuais até um certo momento, mas batendo na tecla desta zona para haver sempre troca de marcadores, quando dá pra fazer".

Thiago Larghi segue uma lógica semelhante: "o jogo é muito dinâmico. Às vezes temos a manutenção da marcação zona, mas às vezes, por exemplo, se a bola for do lado direito, quero que meu lateral saia para pressionar e não quero que o lateral esquerdo saia para pressionar. Mas isso é possível num mesmo time? Sim, devido à característica do jogador. Precisamos entender o conceito base por trás destas terminologias e na prática entender o que queremos do jogo".

A indução do adversário para zonas em que possa se recuperar a bola com mais facilidade ou também fragilizá-lo ofensivamente, é sempre um estudo que o treinador deve fazer, como conta Carille em um caso prático:

"na final contra a Ponte Preta em 2017, vasculhamos o time da Ponte e chegamos aos números que o lateral esquerdo não passava do meio de campo e era um zagueiro improvisado. Chegava ali e fazia um passe por trás, e por ser zagueiro raramente apoiava o fundo. O número de cruzamentos era ínfimo. O que fizemos? Tiramos o Jadson de lá, ele não cumpriu em nenhum momento a função de marcar lá. E quando este jogador vinha com a bola, a gente encaixava o Gabriel ou o Rodriguinho, e deixava ele sair com a bola. Priorizamos fechar o lado direito que era mais forte, preocupando com o lado construtor".

Curioso agregar também, para encerrarmos o tópico, as inspirações que outros esportes podem gerar na organização tática: "sempre os esportes coletivos trouxeram influência ao futebol, em especial o basquete no que tange os tipos de marcação. As tranças e os bloqueios feitos nos garrafões para jogadas de bola parada. E o handebol nas transições". Carille inclui também um esporte individual: "comecei a gostar muito do tênis, do cara ficar forçando a bola num canto, mas na verdade ele quer no outro. São estratégias, e no futebol você pode fazer triangulações de um lado, mas não é ali que você quer atacar".

Acima de toda discussão tática, está a habilidade do treinador de conectar o conhecimento à sua intencionalidade no dia a dia, analisando meticulosamente todas as variáveis.

2.5 OS GUARDA-REDES

Na história do futebol, talvez o papel que tenha passado por mais mudanças significativas seja o do goleiro. Atualmente, longe de ser apenas o último bastião de defesa da baliza, o goleiro moderno encontra-se cada vez mais inserido no sistema da equipe, desempenhando um papel crucial não apenas na proteção do gol, mas também na construção das jogadas e na distribuição da bola. Essa transformação trouxe consigo uma série de responsabilidades adicionais e redefiniu o que se espera de um goleiro de elite nos dias de hoje, cada vez mais versátil e estratégico. Acrescenta-se que esses personagens vivem em uma posição na qual conseguem observar claramente o posicionamento do jogo, podendo orientar os seus companheiros com precisão. Assim, ser um goleiro líder, torna-o ainda melhor.

Se for para começar com uma grande novidade, que não seja tão óbvia para o leitor, talvez possamos nos concentrar nas inúmeras informações que os goleiros recebem do setor de análise de desempenho: "peguei uma época onde não havia informação nenhuma, as informações você tinha que procurar através de jogos e vídeos onde você mesmo fazia sua leitura sobre os jogos e alguns jogadores. Com a chegada da análise, melhorou muito, mas percebo que alguns passam muitas informações de uma vez só, o que atrapalha", manifesta o ex-guarda-redes Magrão, ídolo histórico do Sport Clube do Recife.

São inúmeros aspectos que o goleiro pode se preocupar em saber, desde o batedor de pênaltis até o posicionamento do adversário nas bolas paradas: "facilita entrar no jogo mais rapidamente, você consegue fazer uma leitura do jogo mais rápida, ganha tempo com isto, e para mim particularmente falando acho que traz um resultado especial para o goleiro nas cobranças de pênaltis e escanteios. De repente você já sabe que um cara puxa mais na primeira trave, ou um que só bate o pênalti cruzado", justifica Felipe Alves, ex-goleiro do Fortaleza e Athletico-PR.

É preciso interpretar e contextualizar as situações, pois as informações não vão te dar todas as soluções, no máximo pistas: "acho que no momento do jogo é muito feeling também. Acredito muito nisso, é claro que a informação ajuda, porque te passa uma ideia de como se posicionar, de como cada atleta executa cada ação, mas acho que o feeling continua sendo fundamental", contrapõe o jovem goleiro do Corinthians, Matheus Donelli.

O avanço da tática de goleiro, como todos já sabem, passa muito pela utilização dos pés. Entretanto achar que somente um correto gestual técnico é suficiente para concluir que o goleiro sabe jogar com os pés, é um erro. Mais do que acertar a direção, força e velocidade da bola, é preciso uma correta leitura de linha de passe, entender o modelo de jogo da equipe, raciocinar antes de quebrar uma bola. Até mesmo um simples tiro de meta deve estar em sintonia com o posicionamento dos outros jogadores e a ideia do treinador. A primeira e segunda bola, por exemplo, são sempre importantes e a forma do guarda-redes a repor em jogo influenciará nessa disputa: "é o goleiro inserido no sistema de jogo, ele não pode mais se permitir ser apenas goleiro, tem que ter esta leitura do jogo um pouco mais apurada para fazer a cobertura dentro e fora da área", confirma Felipe Alves.

Claro que nada disso funcionará sem a devida preparação: "quando você faz o que é treinado, a chance de dar certo é muito maior. Vai muito do treinador, aquele que abraça essa ideia e treina para que você faça, daí acho 100% cabível", sugere Felipe. Além do treino, a equipe é um todo indivisível, formada por sistemas, subsistemas e "sub subsistemas". Quando se mexe em um, todos são impactados. Por isso, Fábio Carille, ex-treinador do Corinthians, coloca: "olha que legal quantos questionamentos. Mas para você jogar com linha alta, também tem que ter zagueiros rápidos, uma linha defensiva ágil, para jogar com o goleiro adiantado. Mas primeiro o goleiro tem que pegar dentro da trave, por vezes estão esquecendo isto e deixando de trabalhar estas situações".

Com a tendência de as equipes saírem construindo desde o primeiro terço do campo, em que se busca atrair adversários para jogar a bola nas costas da defesa, a leitura do adversário é um diferencial: "isto facilita o uso dos pés, o time também ganha. Isto porque com certeza ele vai achar um passe que atravessa a linha de marcação", comenta Magrão.

Superar adversários é um desafio, e, além do drible, o passe é uma importante ferramenta. Se pararmos pra pensar, o goleiro é um homem livre no jogo e no momento que um adversário sobe para pressioná-lo, certamente sobrará alguém no terreno de jogo, cabendo à equipe circular a posse e encontrar esse homem livre: "acho que quando o adversário adianta as linhas de marcação para marcar o goleiro, lá atrás acaba ficando no mano a mano, e é onde você acaba tendo superioridade numérica (ou qualitativa) e pode achar um passe entre linhas curto, ou uma bola longa", ilustra Felipe. Apesar de jovem, Donelli finaliza com uma mentalidade notoriamente preparada: "a gente muitas vezes acaba servindo como válvula de escape. O goleiro que tem esta característica de jogo e que lida bem com este perfil de jogo, acaba se destacando".

Antigamente, muitos devem se lembrar que havia uma brincadeira de que quando a equipe estava atacando, era o momento do "cafezinho" do goleiro. Ele direcionava-se para trás do gol, tomava água e passava um pano no rosto, aguardando que fosse acionado para defender: "goleiro não tem vida fácil. Às vezes as pessoas falam: 'esse chute foi fácil'. Não existe defesa fácil para o goleiro. Independente de vir no meio do gol ou não, sempre exigirá um grau de dificuldade e de concentração. Temos uma responsabilidade maior também em orientar nossos companheiros. Isso acaba exigindo uma liderança diferente dos outros jogadores. Hoje em dia não dá mais e não temos tempo para o cafezinho", concorda Alves.

A consequência do fim do "cafezinho" é um jogo dinâmico e uma necessidade de um treino bem mais intenso: "pelo fato do futebol ser tão competitivo, não tem como você treinar 'meia-boca', porque no jogo você não vai conseguir atingir o seu nível mais alto. Não dá para começar a semana metendo 'miguezinho' para chegar na quinta ou sexta e começar a pegar firme no treino", alerta Magrão.

Felipe Alves consente: "pelo menos nos últimos cinco anos para cá, e dos últimos treinadores que tive, arrisco a dizer que os meus treinamentos têm sido muito mais intensos do que alguns jogos. Tem jogo que o goleiro acaba participando com três ou quatro ações ou tem jogo que o goleiro faz duas ações. E na semana às vezes você acaba tendo uma carga de treino maior. É engraçado que você se prepara para chegar no jogo e às vezes não é tão exigido como na semana, mas cai no que o Magrão falou, pois você nunca sabe se será mais ou menos exigido, então não dá para aliviar".

Donelli conclui: "a gente utiliza GPS. Utilizei na Copa do Mundo com a seleção e no Corinthians, na Copa minha quilometragem dava mais ou menos de 6 quilômetros a 7 quilômetros. Isto é legal pois não só mostra para a gente, mas para todo mundo, que o goleiro vem sendo muito mais participativo, ele está inserido diretamente no contexto do jogo. Estamos sempre ajudando a equipe de alguma maneira".

2.6 GESTÃO DE PESSOAS

A gestão de pessoas é um componente inseparável do futebol e de qualquer atividade humana. Ela transcende a gestão técnica e permeia também as esferas administrativas. Embora este tópico pudesse encontrar seu lugar no Capítulo 1, sua presença aqui acontece pelos assuntos majoritariamente abordados terem maior conotação com a liderança direta com atletas. Para o sucesso no futebol, é preciso saber mais do que futebol, deve-se ter conhecimento do humano em primeiro lugar, já dizia o filósofo Manuel Sérgio[17].

Ao abordar a essência da gestão de pessoas no contexto do futebol, o professor João Paulo Medina destaca de maneira eloquente: "dentro das três dimensões você lida com gestão de pessoas, tanto na técnica, como na administrativa e na política. Na verdade, a nossa vida é um conjunto de relação entre pessoas. A gestão de pessoas permeia tudo, toda a governança, desde as questões de gestão administrativa até a técnica, mais ligada à atividade fim, o jogo". Na gestão técnica, no ambiente de um vestiário, Cyro Leães atesta: "para que eu consiga aplicar meu treinamento tático e técnico, eu preciso

[17] Programa Segredos do Esporte, da ESPN. SEGREDOS do Esporte - Base (Parte 2/5). [*S. l.*]: [*s. n.*]: 2013. Publicado pelo canal Medina Futebol. Disponível em: https://www.youtube.com/watch?v=mlymX-9uQ4M&t=736s. Acesso em: 1 fev. 2024.

liderar. E para eu conseguir liderar, eu preciso entender os diferentes perfis de pessoas, para conseguir ter uma comunicação com cada um".

O jogador é o principal protagonista do futebol. Sem ele, não há jogo que prospere. Por isto, "o treinador precisa praticar os valores estabelecidos dando vida ao propósito, dividindo a responsabilidade entre a comissão técnica, exercendo a liderança em seus respectivos departamentos e florescendo os jogadores, que são as estrelas do processo. É muito importante entender o jogador como protagonista do processo", contribui Eduardo Oliveira, à época técnico do sub-20 do Fluminense.

A partir do foco no jogador, é preciso buscar uma conexão interpessoal com ele, mergulhando a fundo nos seus medos, anseios, sonhos, entendendo também suas características emocionais, seu contexto familiar, e tudo que possa auxiliar esse laço afetivo: "eu procuro sim dentro da liberdade que a gente tem também, dentro daquilo onde cabe um assunto, procurar ajudá-los, porque experiência não se compra e por eu ter sido atleta, por eu ser mais velho que eles, tem muitas coisas que posso falar", opina Alberto Valentim.

Opinar e aconselhar, para alguns, podem ser atitudes invasivas. Daí a necessidade de trabalhar para conhecer cada um: "como gestor, eu faço uma anamnese em todo clube que chego. Converso com todos os atletas, pergunto de tudo o que acontece na vida deles. Lógico que não quero ser invasivo, mas sinto, de acordo com o que o jogador que dá liberdade", explica Jair Ventura, atual técnico do Atlético-GO, com passagens por Santos, Corinthians e Botafogo.

Carlo Ancelotti, famoso treinador italiano, tem um exemplo interessante de quando esteve no Milan:

> [...] um jogador do clube, que geralmente tinha boas atuações, estava sem ritmo de jogo. Não havia um motivo aparente, mas Ancelotti sabia que algo estava errado: 'um dia ele veio até mim e me disse que tinha um problema. O jogador precisava sair de licença para se casar, mas o que ele estava tentando dizer é que não queria o casamento! Conversamos sobre isso, falei que ele tinha de seguir o coração. Fiquei muito feliz por ele ter vindo até mim. No final das contas, ele não casou com aquela mulher e somos amigos até hoje[18].

Mais do que se mostrar acessível, o treinador precisa interpretar o atleta muito além do que ele está dizendo com palavras: "você lida com pes-

[18] CARSON, Mike. *Os Campeões*. Caxias do Sul: Editora Belas Letras, 2015

soas, no seu olhar eu sei o que você está pensando. Isso você aprende com o tempo", opina Jair Ventura que também relata um episódio em particular no qual deu abertura ao diálogo com seu atleta: "tenho um exemplo de um grande jogador que era titular dentro de um clube e vivia um momento ruim. Fui conversar com ele:

> Atleta: *Professor, lembra aquele gol que perdi?*
> Jair: *Lembro. No jogo X? Mas isso já tem seis jogos.*
> Atleta: *Pois é, estou travado desde aquele momento.*
> Jair: *Então é a hora de destravar. O que passou não tem como reverter, o passado é imutável. Vamos para frente. Confio em você.*

Um atleta desmotivado pode afetar todo um elenco, por isso é importante ficar atento aos comportamentos: "não podemos falar só de campo e bola, precisamos de pessoas de outras áreas para te ajudar. Qualquer ser humano desmotivado não vai dar o seu máximo. Você precisa tentar tirar o máximo de cada um. Saber como o atleta está fora de campo. O tempo é importante para conhecer seu jogador e o clube", soma Zé Ricardo. Inclusive, até nisso o imediatismo no futebol brasileiro é preocupante, pois é impossível conhecer a fundo cada um dos seus atletas e liderados em poucos meses: "o tempo é fundamental para conhecer seu jogador e o clube. No mundo os grandes trabalhos são aqueles com processos mais longos", recorda Zé.

O aconselhamento aos jogadores não é uma tarefa tão simples. Não é só chegar e falar, coloca Adilson Batista: "cada um tem um jeito de ser, eu tento ajudar, que o atleta cresça profissionalmente, tenha caráter, respeito, cuide do dinheiro, invista. Recentemente chamei a atenção de um menino que comprou um carro fora da curva no Cruzeiro. A gente aconselha, mas é a nossa voz e quando sai dali, tem cinco ou seis amigos que a gente sabe que é só usurpar e levar para outro lado. Pessoas que tiram proveito da situação do atleta".

Em situações de erros, é crucial que o treinador tenha muito tato na hora de cobrar, descreve Alberto Valentim: "eu quase não mostro erros técnicos, porque ali a gente vai melhorar no treinamento. A gente não aponta o dedo quando é um erro técnico, geralmente mostro coisas para melhorar em relação ao posicionamento, a uma tomada de decisão".

A gestão do grupo, emocionalmente, também pode ser feita através do próprio treinamento, por meio da manipulação consciente da confiança dos atletas: "chamo de pontos emergentes, que podem ser emocionais. Você cria um contexto se tiver em alta, com soberba, um contexto negativo, para que os atletas acordem e pensem que 'não são imbatíveis'. Tem que saber o momento de usar, pois se for fazer o tempo todo, vai desequilibrar a equipe", sugere Felipe Conceição, ex-treinador do RB Bragantino.

O ex-treinador da seleção portuguesa sub-19, José Guilherme, arremata através de uma reflexão mais ampla sobre a gestão de pessoas: "uma das coisas que aprendi no meu trajeto foi que quanto mais nós treinadores temos a capacidade de envolver as pessoas que trabalham conosco no projeto onde estamos, mais esse projeto atinge grandes dimensões. Se eu envolver meus jogadores naquilo que é o projeto da equipa, e ele sentir que é também deles, eles dão muitíssimo mais. Isto em tudo na nossa vida. As pessoas que trabalham conosco, se envolvemos elas, nas quais sentem um projeto coletivo, que são fulcrais e importantes, o projeto tem sucesso".

2.7 RELAÇÃO IMPRENSA

A relação entre a imprensa e o mundo do futebol sempre foi marcada por tensões e conflitos históricos, uma vez que ambos os lados possuem interesses específicos que nem sempre se alinham. Enquanto a imprensa busca a audiência, treinadores e dirigentes lutam pela proteção de suas equipes e jogadores. Embates frequentes ocorrem, destacando a necessidade de um equilíbrio maior nessa relação. Embora a imprensa desempenhe um papel crucial na conexão das pessoas com o esporte, é igualmente importante reconhecer a importância da humanização e do conhecimento na formação de opiniões e na promoção de um diálogo construtivo.

O treinador Zé Ricardo, atualmente no Cruzeiro e com passagens por Flamengo e Internacional, começa bem: "a imprensa é importante e é chamada de o quarto poder. A grande crescida do esporte ocorreu pela divulgação da imprensa e o futebol não teria o tamanho que tem". De fato, a popularidade do futebol só acontece graças às transmissões dos jogos, que começaram com as rádios, cresceram pela televisão tradicional e hoje já alcançam plataformas de streaming.

O maior obstáculo talvez esteja naquilo que o público mais consome: as polêmicas. Para quem está dentro do futebol, acaba sendo muito cruel: "transformam crises, fofocas, polêmicas e ganham em cima do clube com isto. Está muito raso, é tipo novela, fofoca e intriga. Hoje ficar vendo televisão é perda de tempo, pois é muita mentira e besteira", lamenta Adilson Batista. Infelizmente, isto não é culpa apenas do editorial do veículo de comunicação: "vamos comparar, coloca uma live minha falando do jogo e uma do Neto chamando os jogadores de 'orelhudos', e você vai ver a resposta da audiência. A culpa é minha ou do Neto? É cultural", contrapõe Bruno Formiga, jornalista do TNT Sports.

Antes de criticar a imprensa, talvez seja preciso também olhar o futebol de dentro para a fora. É impossível descolar um setor de todo o ecossistema: "não gosto de criticar uma categoria em específico, mas todos da cadeia produtiva do futebol precisam melhorar. A imprensa não fica fora disso e é visível que a qualidade de forma geral, embora acho que tenha melhorado, ainda vive muito daquele jornalismo opinativo. A maioria dos programas é muito no sentido de dar opinião, de adivinhar quem vai ganhar, quem é o melhor, e faz parte, um pouco da conversa de bar. Por outro lado, seria bom um outro tipo de jornalismo mais informativo", opina o professor João Paulo Medina, presidente da Universidade do Futebol.

O conteúdo raso será sempre uma pauta de discussão, isto porque "muita gente trabalha com futebol porque gosta e não porque entende, mas o mercado permite que essas pessoas trabalhem com isso, pois existe esse público", lembra Formiga. Daí, nesse ponto, existe uma linha tênue sobre a ética disso, pois, para muitos, a opinião rasa pode destruir reputações e até mesmo fazer uma pessoa perder o emprego injustamente no futebol, fato este questionado pelo jornalista Marcel Capretz: "a gente está numa sociedade imediatista, que busca tudo rápido, então isso vai impactar no futebol. A média nossa de treinador é de três a quatro meses. A imprensa está inserida neste contexto e vai buscar respostas. Para mim, a maior crítica é no dirigente, pois ele próprio se baseia na imprensa para tirar conclusões, quando deveria ser fiel às suas convicções, sem se deixar levar".

Falta empatia entre ambos os lados? Com certeza! O futebol é um ambiente caótico, muito sujeito a trocas de energias com o ambiente externo. Não há dúvidas que a impaciência da imprensa influencia o comportamento do torcedor, que acaba exercendo maior pressão no seu clube, quando deveria perceber que, via de regra, o sucesso no futebol não é tão célere: "a imprensa também precisa entender que alguns processos são lentos. O fato de às vezes dar certo rápido é a exceção. Se você tem uma comunicação clara e efetiva sobre isto junto ao público, a pressão pode ser mais leve. Os problemas no futebol acontecem por vaidade ou por falta de comunicação", conclui Zé Ricardo.

Quanto ao técnico Zé Ricardo lembrar o apelido da imprensa, "o quarto poder", de fato ela faz jus a isto através do jornalismo investigativo, importante para revelar situações que até mesmo o Estado possui dificuldades para descobrir. Seria muito bom isto mais vezes aplicado ao esporte: "se quiser melhorar as condições de trabalho de qualquer atividade humana, precisa de um jornalismo investigativo que mostre as falcatruas, a corrupção. Falta este espaço, mas por quê? Porque o que dá audiência é a conversa de bar. Se você começa a fazer um jornalismo qualificado, por incrível que pareça, perde a audiência. Não basta só querer qualificar, pois você precisa sobreviver. Às vezes tem coisas que as pessoas não querem ouvir, e é triste e faz com que o status quo do futebol permaneça como está", finaliza Medina.

Portanto, a evolução desta relação da imprensa com o futebol ainda tem um amplo espaço de aprimoramento. Não faltam argumentos para ambas as partes e talvez o principal gargalo seja o que abordamos na introdução deste livro: a educação. Se as pessoas, público em geral, querem conteúdos rompantes, rasos, que apontam o dedo, algo está errado na mentalidade em geral. É uma sociedade parcialmente doente!

Podemos trazer para o jogo alguns pensamentos sempre evocados pelo executivo Felipe Ximenes, para concluir esta temática. O primeiro de que a "educação não é uma saída, mas a única solução" e o segundo de que "uma cultura não morre, ela é enterrada viva". Só assim, com esses dois difíceis passos, vislumbramos uma situação mais saudável nesse conflito.

2.8 RELAÇÕES COM INTERMEDIÁRIOS

Nos últimos 20 anos, testemunhamos uma notável ascensão da figura do intermediário de futebol, usualmente chamado de empresário, agente ou procurador. Esses profissionais desempenham um papel importante no gerenciamento de carreiras, também facilitando transferências, negociações de contratos e outros interesses dos atletas.

A transformação mais significativa desse cenário ocorreu após o fim do instituto do passe, que antes vinculava os jogadores aos clubes de forma mais rígida. Com essa mudança, a classe ganhou espaço e influência, desencadeando debates profundos sobre sua dinâmica entre atletas, clubes e treinadores, bem como questões éticas.

Para iniciar o debate, é preciso conceituar a figura do intermediário: "a profissão é regulamentada pela FIFA e pela CBF. No Regulamento Nacional de Intermediários consta: 'toda pessoa física ou jurídica, que atue como representante de jogador, técnico ou de clube, seja gratuitamente ou mediante remuneração, com o intuito de negociar ou renegociar a celebração, alteração ou renovação de contratos de trabalho, formações desportivas ou transferências de jogadores'", explica Leonardo Máximo, experiente advogado e intermediário. Ele detalha que o termo "gratuitamente" se encontra, pois até os 18 anos de idade não é permitido que o intermediário receba remuneração.

A nomenclatura oficial (a de intermediário), por vezes, pode ser criticada por não abranger todo trabalho, haja vista que mesmo antes dos 18 anos, o intermediário já possui uma árdua missão: "essa nomenclatura enfraquece muito o intermediário no meu ponto de vista, por que às vezes você pega o atleta desde novo e é reconhecido somente por aquela transação", lamenta Francis Melo, um dos mais conceituados do Brasil.

Não é fácil ser intermediário, como muitos podem pensar, continua Leonardo Máximo: "existe uma gama de conhecimentos necessários. Tem que conhecer o mercado, ter uma noção mínima dos conceitos jurídicos, conhecimento administrativo, de gestão de pessoas, saber duas a três línguas". Isto porque o mercado é muito competitivo: "não é fácil se estabelecer onde grande parte dos negócios estão concentrados nas mãos de poucas pessoas. É preciso manter sua credibilidade e conquistar uma cartela de clientes é muito importante, além de um desafio. Imagina que no Brasil temos 20 clubes na série A e 20 clubes na série B, com uma média de um plantel com 30 atletas, sendo 15 deles de um nível diferenciado, com remuneração acima da média. Na CBF hoje tem mais de 390 intermediários cadastrados", recorda Francis Melo.

Apesar das nomenclaturas, na boca do povo, possuírem variações, talvez a de "empresário" seja a mais comum. É importante distinguir legalmente a questão do procurador, como bem faz Máximo: "quando pensamos em procurador, vamos ao artigo 1289 do Código Civil. A procuração é um instrumento de mandato, que alguém recebe poderes de outro, para em seu nome praticar atos ou administrar interesses. O advogado é um procurador de alguém. Nada disso está banido ou barrado pelo regulamento da CBF ou da FIFA, até porque seria uma contradição com o direito estatal. Mas o procurador não poderá desempenhar certas atividades que o intermediário desempenha, pois tem de estar cadastrado".

Ser intermediário no Brasil não é fácil. Além da gama de competências já citadas, os investimentos necessários são altíssimos. Um atleta que começa desde a iniciação, depois podendo ser alojado em um clube aos 14 anos, em geral, precisa de uma série de acompanhamentos. Chuteira, roupa, celular, custeio com internet, emprego para os familiares, entre outras coisas entram na equação.

Muitos não possuem condição de arcar com o "investimento" necessário para se tornar atleta profissional. Para quem sobra? Para o intermediário: "temos que mostrar que o futebol vende um sonho muito bonito de ganhar dinheiro, mas realmente 1% ou até menos vão ganhar isto. E falamos de 1% de um funil apertado. Então as pessoas que vêm de classe muito humilde, mesmo se não tivessem o futebol elas já teriam muitas dificuldades para ter acesso a um bom estudo. Até 88% dos atletas ganham no máximo R$5.000,00 mensais. O mundo não comporta todos os grandes jogadores, fora os que se perdem no caminho", lamenta Francis Melo. O resultado disso tudo é que o intermediário investe na carreira do garoto e, por alguma razão, ele pode não chegar lá e às vezes chega e te troca por outro intermediário (algo muito comum também).

Sem dúvidas, um atleta hoje no futebol brasileiro, salvas raras exceções, vai necessitar de um intermediário para gerenciar sua carreira, de modo que ele possa focar exclusivamente no campo. Diferentemente do que Alex Ferguson[19] sugere, que os jogadores podem não ter esse profissional e pagar um advogado por hora para auxiliá-los num contrato ou transferência, no Brasil, o jogador tem outras carências.

O problema é que se criou uma imagem pejorativa desse profissional, daquele que passa o atleta para trás, que empresta dinheiro para o clube, que interfere demasiadamente no ambiente interno: "o empresário não tem que sair do futebol, mas temos que melhorar a relação clube, empresário e atleta. Essa relação precisa ser de alto nível. Hoje vemos muita jogada ensaiada, rasteira", contesta Ricardo Drubscky.

O cuidado que se deve tomar é a diferença entre a necessidade de que esses jogadores possam ter da fragilidade nessa relação, o que acaba por dominar totalmente a mente do atleta: "existe muita influência, mas o grande problema é deixá-la chegar no vestiário. Principalmente os mais jovens acabam dando 100% de autoridade ao agente, e aí eles não conseguem tomar decisões e amadurecer", compartilha o zagueiro Léo, ex-Cruzeiro, Grêmio e Chapecoense.

O ex-jogador Deivid, que já foi também treinador e diretor técnico do Cruzeiro, concorda: "você vê muitos clubes reféns dos empresários. O empresário às vezes empresta dinheiro ao clube, porém quando o jogador dele não está jogando, a coisa complica. Em vez de conversar com o treina-

[19] FERGUSON, Alex; MORITZ, Michael. *Liderança*. Rio de Janeiro: Editora Intrínseca, 2016.

dor, o atleta conversa com o empresário e este liga para o dirigente. Assim, o dirigente cobra o treinador". Até mesmo quando é chamada a atenção do jogador, por vezes, a coisa é deturpada: "você faz uma cobrança mais dura, e o jogador transfere para o seu empresário. O futebol tem que respeitar a hierarquia como era", queixa Gilson Kleina.

Como já abordado, os intermediários ganharam muita influência após o fim do Instituto do Passe. Adilson Batista, ex-treinador de Cruzeiro, Corinthians e São Paulo, pegou essa transição ainda como jogador: "eu tive que comprar o meu passe. Nós não sabíamos quando algum clube estava querendo nos comprar, ficávamos reféns e as dificuldades eram maiores para renovar um contrato".

O grande desafio é a proporção que isto tomou, saindo do controle do treinador, autoridade máxima de um vestiário: "hoje os treinadores são verdadeiros heróis. Quando tem um intermediário que não é preparado, só pensa em dinheiro e não pensa na saúde da cadeia produtiva do futebol é complicado. Claro que também tem aqueles com consciência e bom senso. Mas é muito interesse e o treinador precisa ter habilidade de blindar o ambiente de influências externas", completa o professor João Paulo Medina, fundador da Universidade do Futebol.

Portanto, cabe ao treinador ficar atento e tentar dirimir esses conflitos com apoio do clube: "há empresários que tratam o jogador como mercadoria e gostam de aparecer mais do que ele, comprando situações, escutando somente um lado e não o contexto geral. Tem que ter muita sabedoria para conduzir", pontua o treinador Fábio Carille, com opinião respaldada pelo colega de profissão Alberto Valentim, com passagens por Palmeiras, Vasco e Botafogo: "eu procuro colocar para esse profissional com muito respeito, explicando os porquês e eu nunca tive problema com empresário de jogador, conheço alguns".

Fica claro que não existe futebol mais sem a presença do intermediário e também não podemos generalizar, como bem pontua o jornalista Marcel Capretz: "empresário para mim não é uma figura nefasta, como muitos acham. É uma figura necessária, assim como toda profissão tem aqueles que são bons e aqueles que são ruins. Agora, que a comunicação no futebol mudou, isto é inegável".

É justamente na comunicação que aposta o CEO do Santa Clara, Klauss Câmara: "a forma como nos interagimos e nos comunicamos mudaram. Aí para mim é o papel do treinador conseguir transcender todas essas barreiras que existem e atrapalham o contexto de comunicar, interagir, entender mais o lado do atleta. O aspecto do seu representante, nada mais é do que um dos pilares que compõem as relações do futebol. É impossível tirar um do outro, todos fazem parte e quanto mais for uma relação de transparência, baseada em princípios e valores, você vai ter uma relação mais fácil para lidar. É preciso ser criativo e buscar novas soluções".

Quem pode comentar o assunto com ainda mais propriedade é Francis Melo, acostumado com os dois lados da mesa: "vou levar para o lado pessoal porque eu trabalho com treinadores e atletas ao longo desses 20 anos. A questão do treinador é indiscutível, o comando é dele, tem uma hierarquia a ser seguida. Todo treinador quer ganhar, quer o melhor para a equipe. Meu papel como empresário tenho bem definido. O pai educa o seu filho para a vida, para ter caráter, disciplina, que são coisas importantes para a profissão. O meu papel é dar uma educação desportiva, mostrar o caminho para o jogador ser um atleta. Nunca vou aconselhar um jogador meu a desrespeitar a hierarquia do treinador se ele não está jogando ou foi chamado a atenção. Hoje isso é um desafio grande, pois atletas novos já estão tendo embates com treinadores, isto é muito ruim, arriscado. Antigamente, o treinador era como um pai para o atleta, se envolvia bastante na vida pessoal dele, mas hoje precisa ter tato, porque senão acaba perdendo o grupo. O agente deve se preocupar em defender os interesses contratuais do atleta e também utilizar sua bagagem para bons conselhos".

2.9 FORMAÇÃO DE ATLETAS

A formação de atletas de futebol é um universo apaixonante e complexo que envolve uma série de nuances e desafios. É um importante debate na agenda do futebol brasileiro e que vai muito além das pautas técnico-metodológicas, mas também abrangendo a formação integral do indivíduo como cidadão e seu desenvolvimento psicológico. É uma jornada com diversos percalços, facetas e desafios, com a necessidade permanente de troca de informações e conhecimentos.

O primeiro ponto de debate é um dos mais importantes: o caminho metodológico do talento. Esse percurso inicia-se pela detecção e captação do jogador, isto é, o processo elaborado por clubes para ingressar jovens atletas em suas dependências para depois trabalharem em sua melhoria até que possam servir a equipe principal ou então serem negociados, compondo uma importante fonte de receita.

A realidade é que os clubes querem desenvolver os miúdos cada vez mais cedo: "o Benfica criou, há cerca de 12 anos, pequenos polos de formação, sendo três no norte do país, um no centro e um ao sul. Nós começamos a captação bastante cedo e no fundo é um universo muito grande, onde nós temos nesse primeiro processo crianças a partir de 5 e 6 anos, e que vão evoluindo nesse processo de iniciação. A ideia é captar cada vez mais cedo, é um fenômeno mundial e que depois eles possam fazer conosco todo o processo de formação, com o histórico de 8 a 12 anos no clube, graças ao resultado e ao processo que todos cumpriram", explica Armando Carneiro, ex-diretor das categorias de base do Benfica.

A iniciação com as crianças permite, para além da criação de uma identificação delas com os clubes, que o clube possa intervir desde cedo na metodologia que acredita que lhe servirá melhor. O modelo de polos de formação no Benfica é interessante, mas Portugal é um país com dimensões mínimas e que facilita o processo. No Brasil, por outro lado, há um excesso de potenciais talentos, mas é necessário um olhar mais além: "a gente tem que tomar um cuidado grande com esta captação, porque são crianças, e temos que optar por fornecer uma formação integral, pensando no bem-estar do garoto e da família", explica Gustavo Ferreira, ex-diretor de base do Cruzeiro.

A adaptação do atleta, que por vezes vem de longe, pode ser complexa, além de que a legislação brasileira só permite o alojamento de atletas a partir dos 14 anos: "a gente tem essa preocupação de fazer a captação bem jovem, mas com estruturação, não somente pelo futebol em si, mas oferecer uma estrutura que a família possa ser feliz em Belo Horizonte e que não haja especialização precoce", complementa Gustavo.

Um dos argumentos para a captação iniciar mais cedo é elaborado por Leandro Zago, treinador de futebol com passagens pela base de Atlético, Fortaleza e Ponte Preta, atualmente treinador principal da Portuguesa-SP: "não tem mais a rua como ambiente formativo, então a gente precisa captar para fazer este processo interno dentro do clube e como o jogo vem mudando no sentido de ter formado nele mais conceitos e conteúdos, você precisa trazer ele mais jovem e construir aquilo que você espera".

Justamente aí entra um debate de como identificar o jogador para que o clube possa investir na sua formação adequadamente: "o mais difícil que eu vejo é conseguir prever o potencial de evolução, pois muitas vezes o atleta apresenta um rendimento momentâneo, mas com uma maturação precoce. É preciso identificar a projeção e, por isto, captar é uma arte que envolve muito mais do que observar o jogador", situa Gustavo.

Zago concorda: "é uma preocupação identificar o que são fatores treináveis e o que não são treináveis. É o que eu preciso deste jogador lá na frente com 18 ou 19 anos: o que vai ser dele para além da genética e da biotipia, e o que posso desenvolver a partir disso? Como é a base cognitiva dele para assimilação de conteúdo? Como é a base estrutural dele? A gente tem que olhar para estas variáveis básicas, mas também tomar cuidado com aqueles fatores externos que vão interferir".

Feita a captação e iniciado o processo de formação, ainda com crianças, é preciso modelar cada passo desse caminho: "uma das grandes virtudes da formação é ter paciência. É preciso estar sensível àquilo que os treinadores acabam por justificar muito bem, que são as capacidades não somente físicas como mentais e cognitivas, que aplicar nas crianças é o mais importante de todo o resto", elucida o português Armando, depois referendado pelo seu compatriota Jorge Sequeira, psicólogo esportivo: "da mesma maneira que aprende a fazer o drible, a bater escanteio, pênalti, a dosear o esforço para não correr muito, também se pode desenvolver competências psicológicas. Os jovens precisam aprender a fazer isso, como diminuir a ansiedade, controlar o foco".

As aptidões mentais podem ser vistas pela ótica emocional, como colocado por Sequeira, mas também cognitiva pela inteligência sobre o jogo propriamente dito e a qualidade das tomadas de decisões: "antes de ensinar a jogar, é importante terem a capacidade de tomar decisões. No Ajax, desde pequenos, os atletas fazem exercícios que servem como aquecimento, onde o principal foco é aprimorar a tomada de decisão dos jogadores, sendo correta e o mais rápido possível. É importante mais jogos reduzidos para que os jogadores tenham mais contato com a bola, para cativar o jovem. O treinador é também um pedagogo", afirma o também português Bernardo Tavares, treinador de futebol.

Leandro Guerreiro, ex-Cruzeiro, pontua a importância de trabalhar exatamente nesse sentido, buscando também que o atleta tenha gosto pela atividade: "eu procuro fazer um treino sistêmico e voltado para o jogo. Quanto mais parecido o treino do jogo, melhor para o jogador, que vai se preparando para diferentes situações e problemas".

Em fases tenras, ainda crianças, uma boa abordagem implícita e lúdica, é sempre mais indicada: "a cognição, a ludicidade, jogar o futebol pelo prazer são importantes. Basta ter método de trabalho e o projeto de desenvolvimento.

Daí você coloca a escola de rua até os 15 anos e vai desenvolvendo os seus aspectos", diz Ricardo Drubscky, autor do livro *O Universo Tático do Futebol.*

Quando se fala em futebol de rua, claro que, na verdade, são os elementos da rua trazidos para um treino em realidade de jogo, haja vista que a prática antiga em terrenos baldios e praias está mais reduzida. A partir de atividades que se assemelham a essas realidades, trabalha-se a formação: "vamos ensinar então tática para um menino de 8 anos? Sim! Que tipo de tática, com qual abordagem, para obter o quê? Para desenvolver a sua inteligência. O futebol brasileiro ainda padece das dificuldades do jogo. A escola do talento vai bem ainda, mas na escola do jogo há dificuldades de fazer o jogador jogar o jogo", complementa Drubscky.

Não confunda esse ensinamento tático com a implementação de sistemas táticos, o que é totalmente distinto. O que se quer dizer é uma inicial aplicação da lógica do jogo, ao mesmo tempo que as crianças brincam com a prática inseridas em um ambiente diversificado de atividades que estimulam decisões e desenvolvimentos coordenativos/motores. Isso auxiliará com que, para além do talento, o atleta no futuro saiba também jogar o jogo, interpretá-lo.

Quando falamos de iniciação, podemos afirmar que ela compõe uma faixa etária entre os 4 e 13 anos. Em cada ano, haverá um estímulo específico a ser aplicado. Um erro muito comum ainda, principalmente no Brasil, é deixar de "adaptar o jogo ao jovem atleta e obrigar o jovem atleta a adaptar-se ao jogo dos adultos", como lembra Tavares.

Por isto, "com a redução do espaço de jogo, percebendo que nosso jogador tem uma relação com a bola, e com grupos menores, como a rua oferecia e o futsal oferece, a participação dos jogadores é maior. Quando se reduz as traves, tamanhos de campo e bola, conseguimos tratar os jovens, não como miniadultos, mas de acordo com a categoria, entendendo o nível de maturação psico-físico e social deste jogador, aplicando o melhor estímulo", situa Eduardo Oliveira, atualmente treinador do sub-20 do Botafogo.

O futsal é uma excelente ferramenta na iniciação para o campo, utilizado em larga escala hoje nas categorias de base de forma integrada. Inclusive, grandes craques do futebol iniciaram suas trajetórias nessa modalidade que pode ajudar muito "nas capacidades táticas individuais, como o passe, o drible, perceber-se no espaço, marcar, fazer cobertura", explica Rodrigo Perdigão, coordenador de Futsal do Minas Tênis Clube.

Para Perdigão, pode ser a principal alternativa à diminuição da pedagogia de rua: "diferente de quando eu era criança, onde existiam vários espaços para futebol disponíveis, hoje não tem mais. As quadras estão nos condomínios, nas escolas, o que torna o futsal mais acessível. O futsal é o primeiro degrau para a modalidade de futebol. Outro ponto está ligado às dimensões da quadra, as regras, a questão do cinco contra cinco, o atacar e defender a todo momento faz com que o atleta participe sempre do jogo, diferentemente do futebol, onde a bola está de um lado do campo e muitos jogadores não participam daquela ação. Acredito que a partir dos 13, 14 anos, pela demanda do futebol, não do futsal, passam a se tornar incompatíveis as duas modalidades".

É justamente a partir dessa faixa etária citada por Perdigão, que passa a acontecer uma maior especialização na modalidade futebol. Quando colocada de forma muito incisiva nas idades inferiores, pode acontecer a chamada especialização precoce, que leva a um esgotamento prematuro nas capacidades de rendimento do jogador: "a gente pode colocar várias atividades esportivas para o atleta vivenciar, principalmente na faixa etária que absorve mais esta capacidade psicomotora. Quanto maior a variedade de movimentos nesta idade, melhor seu desenvolvimento", pondera Lucas Drubscky, diretor de futebol do Guarani-SP e filho de Ricardo Drubscky.

Lucas também lamenta que um dos fatores para a especialização precoce está na inversão de valores que acontece na formação: "é muito bonito ter um discurso de que a base é para formar, sendo que muitas vezes temos um dirigente que vai cobrar de um sub-15 para que ele ganhe um clássico, que ganhe um campeonato regional, sendo que o principal objetivo é formar para as categorias de cima". Isto se torna uma bola de neve, pois para defender o emprego, o treinador priorizará treinamentos que possam dar um ganho rápido para vencer o jogo.

Superada a iniciação, pode se dizer que a partir dos 14 anos, inicia-se a especialização na modalidade e o tornar-se um atleta profissional no futuro passa a ser uma conversa "mais séria" no processo: "quando a gente passa para as categorias mais velhas, a gente tem um monitoramento de carga maior, uso do GPS, os conteúdos são passados de forma mais precisa e detalhada, além do nível de cobrança mais alto", explica Fábio Brostel, treinador com larga experiência no futebol de base.

A partir desse momento, correções mais próximas são bem-vindas: "se o menino tomou a decisão errada, vou lá e mostro pra ele, discutindo o porquê daquela decisão. Depois também valorizo decisões corretas, de elogiar sempre", pontua Leandro Guerreiro, ex-atleta e atualmente treinador.

É a partir desse momento que o clube passa a ter maior segurança jurídica sobre o atleta em formação. Isto porque, além da possibilidade legal de alojamento, é possível a assinatura do contrato de formação, que dará uma série de direitos futuros ao clube sobre esse jogador. Assim, a responsabilidade estratégica da instituição passa pela definição dos seus objetivos: "qual é a essência daquele clube? Existem clubes que trabalham a base para negociar com o mercado externo e interno. E tem outros com a formação direcionada para introduzir rapidamente no elenco profissional", elucida Paulo Bracks, à época diretor das categorias de base do América Mineiro.

É possível também conciliar o DNA de formação com a venda: "vejo que formar para o mercado quanto para servir o profissional. Temos pouco aproveitamento de modo geral. Por isso, é importante formar o atleta com um repertório amplo, facilitando a inserção dele em outros clubes. O clube investe muito para depois serem liberados sem ônus nenhum, o que é prejudicial. Se tiver um plano direcionado, há grandes chances de colocá-lo no mercado", descreve Brostel.

Algo que pode ser interpretado como equívoco dos clubes é a contratação excessiva de jogadores para categorias superiores: "a base não tem que comprar jogador, tem que formar. Se eu não consigo formar, tenho que ser mandado embora. Como estou comprando jogadores se não consigo formar eles desde as idades mais baixas?", critica o ex-atacante Deivid.

Salvas raras oportunidades que podem aparecer, se você contrata um jogador de 16 anos para cima (idade permitida para contratos profissionais), podem ser levantadas duas possíveis falhas no processo: na detecção lá do início ou no desenvolvimento. Daí, todo investimento feito pode descer pelo ralo: "você investe três anos no jogador, daí você substitui ele por outro que apresentou um destaque naquele momento, porém não passou por todo desenvolvimento que o clube preconiza. Isso quebra o processo de jogadores que já vinha sendo desenvolvido. Isso mostra que errou na seleção do talento ou está errando na falta de paciência, precisando recomeçar com outro atleta", opina Zago.

O funil fica ainda mais estreito quando chegamos às categorias sub-20. No Brasil, salvas exceções, há um salto de quando os atletas completam 17 anos e deixam essa categoria, indo direto à transição: "um erro na estrutura do futebol brasileiro é ter dois departamentos: um de base e um profissional (em diferentes organogramas). A gente deveria ter um departamento de futebol e o jogador estaria no processo que seria uma formação para que ele fosse lançado na equipe principal. Temos perdido muitos na última fase de transição ao profissional. Pra mim o jogador tem que jogar onde estiver sendo desafiado. Se ele superou o nível do sub-15, vai se criar uma zona de conforto que não é propícia pro desenvolvimento dele. A gente tem que garantir que a categoria que ele estiver tem que ter minutos jogados, bastante minutos. Ele não pode subir de categoria e ser o terceiro reserva. Preciso subir o jogador e criar um ambiente que ele vai a todo jogo ter 40 a 60 minutos de estímulo no jogo. Se não for assim, o processo está desalinhado. O que tem acontecido é que o atleta no sub-20 em vez de ficar mais dois anos para garantir sua maturação, e jogar mais, ele sobe para o profissional ficando como reserva. Nesse momento ele vai perdendo o talento por falta de estímulo", esmiúça Leandro Zago.

As categorias sub-21 e sub-23 ainda não são uma realidade solidificada no Brasil, diferentemente do outro lado do Atlântico: "como Portugal é pequeno, temos facilidade na organização. A Federação ajudou e permitiu que os clubes pudessem ter equipas na segunda divisão portuguesa. O Benfica tem uma equipa B, com uma média de 18 anos. Mesmo assim, achou-se necessário criar mais ligas para mais oportunidades, criando-se a sub-21 e a sub-23. Essas ligas permitem um processo de transição mais facilitado e preparado", diz Armando.

Thiago Paes, diretor do CRB, destaca a importância dessas categorias: "se você terminar um sub-20 com atletas que estouraram a idade, vai ter um descarte de 12 a 15 jogadores, pois nem sempre estes atletas têm como serem absorvidos no profissional. Alguns vão maturar um pouco mais tarde, e você tem que respeitar esse período. Nem todos serão como o Neymar que com 17 anos está em totais condições de performar. É um processo de evolução física, psicológica, técnica e tática e você não pode ter a precipitação de descartar um jogador, que pode se tornar um atleta válido com o passar dos anos".

No mesmo raciocínio, segue Gustavo Ferreira: "a gente também não cobra que o atleta esteja pronto aos 18 ou 19 anos. Acreditamos no processo de formação e num atleta completo com 21, 22 ou 23 anos. É o cuidado de você propiciar uma transição adequada, com minutagem suficiente de jogo, com conteúdos adequados de treinamento. É bacana a criação de categorias que permitam que o atleta possa ter uma transição suave ao profissional, que ele seja exposto ao alto rendimento quando estiver realmente preparado".

Por vezes, há jogadores de categorias inferiores se destacando e que sobem para o profissional para chamados "estágios": "quando temos estágios de jogadores de 16 ou 17 anos no sub-20 ou do sub-20 no profissional, eles precisam entender que fazem parte do plantel do clube. Se ele depois do período de teste joga uma partida na categoria que estava, não está descendo ou subindo de categoria, mas recebendo estímulos que a comissão e os representantes concordam para evolução do atleta", explica Eduardo Oliveira.

A transição e integração com o profissional têm feito alguns clubes adotarem no organograma que as categorias superiores já passam a responder diretamente ao diretor executivo e a todo o staff profissional. O que o atleta precisa entender é que essas subidas e descidas fazem parte da formação, e não devem ser compreendidas no sentido de estar regressando a uma situação inferior.

Uma outra questão é sobre o formar ou ganhar nas categorias de formação: "sou um grande defensor de que para um clube de alto nível, nós temos que formar e ganhar. Formar e ganhar significa ganhar na formação, mas ganhar no futuro. Ganhar o futuro desses atletas e ganhar o futuro do clube", inicia Armando. Claro que quando se diz isto, o ganhar vai além da vitória em um jogo ou campeonato, envolve que o atleta ganhe na vida e o clube ganhe também com isto, por exemplo, como já mencionamos anteriormente de colocá-lo no mercado com retornos financeiros.

O ganhar torna uma vitrine para os atletas serem expostos, situa Zago: "se você pegar as equipes que estão fazendo os maiores negócios de atletas no Brasil, são as maiores vencedoras da base, Flamengo e Palmeiras. Então, o formar e ganhar está sempre alinhado. Não tem como, porque o ganhar está suportado por ter desenvolvido bem os seus jogadores para vencer os jogos, mas não é ocasionalmente, é ganhar com regularidade".

A frase em si facilita sua correta interpretação: formar e ganhar. A palavra formar vem antes e é a prioridade. Não se pode confundir a inserção do ganhar com uma pressão exacerbada em treinadores, principalmente dos escalões da iniciação. É preciso sim criar um espírito competitivo para ganhar, mas este não deve ser o balizador principal para avaliar o processo de formação: "O Benfica catalisou muito para a equipa principal, mas também teve a capacidade de vender. E todos eles entraram neste processo e dinâmica, porque como o clube aspira ser campeão todo ano, também tem que ter um jogador com mentalidade vencedora. E isso requer um processo diferente.

Logicamente que nós tivemos todo o cuidado com o tempo de maturação", continua Armando. Paulo Bracks encerra com brilhantismo o assunto: "a base você não tem que mirar em ganhar jogos e títulos a qualquer custo. Tem que se preocupar na formação do atleta dentro da essência daquele clube".

A vida de um atleta em formação, ainda mais no Brasil, pelas dimensões continentais e sua estruturação social ainda em desenvolvimento, possui desafios familiares importantes. O extrato social e o perfil dos pais, bem como as inúmeras vezes que um adolescente precisa migrar de cidade e até de estado, sozinho, deixando de conviver com os familiares, acabam por afetar a mentalidade dos atletas.

Os clubes passam a ocupar um lugar importante não somente na formação, mas também na educação desses jovens. Muitas das vezes, ocorre uma pressão enorme na cabeça desses atletas que passam a estar ali mais do que pela vontade própria, mas também por um futuro da sua família. Aqui mora um cuidado considerável!

Os pais, sem dúvida, agem com amor, mas às vezes, sem um conhecimento melhor desse processo, acabam por cometer equívocos que podem ser decisivos: "primeiro o pai tem que saber se é o sonho do filho. Eu já peguei na base alguns meninos que a gente via que estavam forçados ali. O pai tem que ter uma conversa sincera com o filho, honesta. O sonho do pai não pode se tornar o sonho do filho simplesmente. A gente trabalha com os meninos para terem esta conversa com a família", relata Leandro Guerreiro.

Uma cobrança fora da curva dos pais em um adolescente pode gerar consequências para toda uma vida. O que é certo, provavelmente, é a saturação que esse garoto terá com o futebol: "Muitas vezes pensamos em pai e pensamos coisas boas, quem te deu alimento, seu herói, mas também pode ser um vilão. Quando o pai deixa de ser herói para ser vilão, tudo fica mal. Aí a intervenção não é mais com o garoto, viver com um pai assim não é fácil para o garoto", lamenta Jorge Sequeira.

O clube precisa acompanhar de perto para que a prática não se torne um tormento ao atleta. Se o leitor comparecer a um jogo de base, com certeza verá em alambrados alguns pais tentando passar instruções ao seu filho, gritando com o árbitro e xingando o adversário: "é difícil dizer a um garoto para não ligar ao que o pai está falando, quando a grande parte do seu crescimento é ouvindo o que seu pai manda", encerra o psicólogo português.

Na saída das partidas, também é comum que pais critiquem as ações dos seus filhos, o que pode ser um trauma forte, pois nos jogos eles começam a se preocupar em agradar aos pais: "acho que tem pais e pais. Alguns realmente precisam ser reeducados, ou educados pela primeira vez, pois todo mundo quer ver o filho jogando. Para o pai, o filho é o melhor do mundo. Isto atrapalha o processo. Cabe ao clube direcionar uma construção de diálogo junto aos pais, para que o atleta possa desempenhar o papel dele e entender melhor as decisões do treinador. O pai não deve entrar na profissão do treinador. O clube deve orientar os pais, mostrar-lhes o caminho, desde as categorias inferiores, para evitar problemas no futuro", leciona Brostel.

Para encerrar este rico tópico sobre as categorias de formação, é fundamental a discussão do papel da escola, deixando, desde já, claro, que nada pode estar mais equivocado do que dizer que para ser jogador não é possível estudar: "o atleta tem que ter o segundo plano também. Passamos isso para eles sempre. O funil é apertado e o estudo é essencial. Às vezes eles tentam me enganar: 'Leandro, mas eu não tenho tempo'. Mentira, porque eu fui atleta também e estudei. Então não me engane, que não tem tempo, porque tem. É claro que é desgastante a rotina, tudo é desgastante. Mas tem que colocar na cabeça que não é sempre o melhor que chega, mas quem se dedica mais. Hoje em dia, até para você ser um atleta mais inteligente, você precisa do estudo para entender uma jogada, um sistema tático. Você nota isso no treino, um jogador que eu falo uma única vez e ele pega rápido, e quando você vai ver ele também está bem na escola. Em contrapartida, tem menino que demora para entender a atividade, aí é ao contrário, na escola é ruim", explica Leandro Guerreiro.

Existem algumas abordagens em questão. Uma do atleta ter uma segunda opção de vida caso não consiga concretizar a carreira no futebol, além da necessidade de formação integral do ser humano: "o Minas acredita fortemente em trabalharmos para formar cidadãos e atletas, pois se eles se tornarão atletas a gente não sabe, vamos trabalhar para isto acontecer, porém cidadãos eles serão. Então que formemos os melhores cidadãos possíveis, e para isto temos que trabalhar as competências que a modalidade pode trazer para a vida do atleta. A questão do atleta ser pontual, de cumprimentar o adversário, de respeitar a hierarquia, de respeitar seus companheiros. Fazemos com que os atletas saiam do entorno do clube e conheçam asilos, escolas públicas, que saiam da bolha. São inúmeras coisas que a gente pode interligar com a vida, e fazer pequenos links", comenta Rodrigo Perdigão.

Esse viés educacional é imprescindível, pois a própria quantidade de postos de trabalho disponíveis é pequena comparada à oferta. A cada 3 mil crianças que tentam uma oportunidade no futebol, só uma consegue. Definitivamente não podemos deixar de lado as 2 mil e 999 restantes.

Outra abordagem parte para o ponto da escola enquanto ferramenta de auxílio ao treino, e é importante salientar que ela não substituirá a ausência de um método de treino adequado como o já exposto no texto. Entretanto pode sim complementar o trabalho: "tive a oportunidade de trabalhar com atletas de um nível bem diferente, que buscaram a leitura e os estudos. Isto acrescenta muito, faz diferença. Durante o jogo são inúmeras tomadas de decisão, se o atleta trabalha a mente dele, sentimentalmente e cognitivamente, tudo vai acabar influenciando", acrescenta o executivo de futebol Ítalo Rodrigues, ex-Náutico.

João Boaventura, analista de desempenho, adota o mesmo tom: "quando a psicóloga vai conversar com a gente sobre o atleta, ou quando um pedagogo vai conversar sobre a participação dele na escola, e a participação no treino, dentro do jogo, acho que sim ajuda. Então se o atleta tem o costume de ser disciplinado na escola, na vida dele, ele vai levar aquilo para o campo, para a relação com os companheiros. E o próprio cognitivo. Se você está ali estudando, você tem que pensar e naturalmente vai ativar o seu cognitivo".

No Brasil, ainda é um desafio implementar essa mentalidade: "é importante entender que isto vem de casa. Essa conscientização tem que ser dividida. Acho que nós temos sim a obrigação como educadores em primeiro lugar de tentar conscientizar o atleta da importância do estudo, mas precisa ser dividido com a família, o empresário e o clube. Temos várias situações que podem estimular o atleta a ir à escola, ter um entendimento maior das situações que o cercam, mas se não houver um envolvimento da família e do empresário, se torna uma missão muito difícil para o treinador", conclui Fábio Brostel.

2.10 ATLETAS DA GERAÇÃO ANOS 2000

A geração Z, aqueles nascidos após o ano 2000, tem sido alvo de muitas discussões acerca dos seus comportamentos como um todo. No futebol não é diferente: muitas críticas, reclamações, queixas e afins! É uma geração que exige novas habilidades de treinadores, gestores e atletas mais experientes, que estavam acostumados com outros comportamentos e formas de relacionamento.

A saturação com a tecnologia e as redes sociais, as dispersões, a pouca resiliência e a vontade de querer tudo de forma instantânea, caracterizam a geração "melhores momentos", assim apelidada por sequer ter paciência de assistir a um jogo completo de futebol.

O desafio é diário e chamar a atenção desses jovens é uma constante: "a gente está vivendo uma nova geração desde 2000, que tem tudo na mão, praticamente tudo dentro do celular e a gente também faz parte disso. O que que a gente tem que trabalhar com eles? É trabalhar todos os dias, falar do foco, da dedicação: 'agora vamos treinar, esqueçam o celular e as redes sociais'", relata Leandro Guerreiro, treinador e ex-atleta profissional de futebol, com passagens por Cruzeiro, Botafogo e América Mineiro.

Cenas relatadas assim são comuns, tanto na base quanto no profissional: "acho muito complicado, tenho um filho de 15 anos e a geração mudou. A gente tem que acompanhar isso, infelizmente. Não sou muito adepto às redes sociais, entro muito pouco, sou um cara introvertido e reservado em relação a esse tipo de situação. Me incomoda um pouco, principalmente em vestiário que o cara tira ali uma foto da camisa com 30 ou 40 minutos antes do jogo, quando a cabeça dele tem que estar 100% focada na partida", exemplifica o zagueiro Wallace, ex-Flamengo e Corinthians.

A questão do telemóvel parece ser um grande desafio, seja no Brasil ou até mesmo no exterior: "a concentração tem que ter regras. Tem telefonema que pode acontecer, como ligar para a namorada chateada, para o filho doente, ou para a avó. Pode acontecer, eles têm família, como eu e como você. Mas se aquele grilo entra na cabeça do jogador meia hora antes, ele já não entra com tudo em campo", pondera o psicólogo português Jorge Sequeira, autor do livro *Dar ao Pedal* e que já trabalhou com Abel Ferreira, Paulo Fonseca, entre outros treinadores.

As regras podem ser variadas, mas fica clara a importância de existirem: "gostei muito do que o Andrés (ex-presidente do Corinthians) fez de proibir de mexer no celular assim que descer do ônibus. Estas alternativas não podem ser do técnico, pois ele já é chato no treino, na bola parada, e se for chato com celular, os jogadores não vão aguentar olhar para a cara dele. Tem coisas que a diretoria precisa abraçar com o seu aval", comenta Fábio Carille.

Sem dúvidas, o excesso no celular pode atrapalhar o atleta: "na Turquia a gente não podia usar o celular antes da refeição e todos cumpriam à risca. Quem falasse era multado e todos entendiam tranquilamente. No vestiário a gente não podia mais usar o celular, e eu também acho válido pois é o momento que você tem ali para trabalhar nos treinos e também horas antes do jogo. Acho que tem que ser uma coisa da diretoria para estipularem esses tipos de regra e o jogador que não entender e não quiser cumprir que seja punido", completa Wallace.

As distrações proporcionadas pelo mundo digital também prejudicam o trabalho como um todo, como explica o ex-centroavante Deivid: "o Instagram, o WhatsApp atrapalhou muito. A tecnologia veio para ajudar, mas ela atrapalhou também. Hoje você não vê, após o treino, quatro ou cinco jogadores conversando sobre o jogo, sobre o treinamento, sobre o adversário. Hoje acaba o treino, o cara já vai para o banho e pega logo o celular para ver as mensagens e publicar algo. Antigamente, você ficava mais tempo dentro do campo, trabalhava mais fundamentos". Isto porque, além de ser uma geração difícil, "é de pouco interesse, é difícil ficar ali para bater uma falta, diz que está com uma 'dorzinha' e não fica", acrescenta Carille.

A própria relação de amizade e a construção de um ambiente de trabalho em equipe, ficam em segundo plano: "na minha época, acabávamos o jantar às 19h e o lanche era só às 22h. Não tinha celular e nós ficávamos ali em 10 a 15 pessoas conversando, brincando, eu sabia o nome da mãe do meu colega e ele sabia o da minha. Virava uma coisa de família, a gente se gostava mais, ficava mais próximo. Hoje é tudo muito separado. A molecada começa a jantar às 19h, e às 19h15 já não tem mais ninguém. Se alimentam correndo para voltar pro celular, pro videogame", pontua Carille, que também cita o oposto: "o Paulo André e o William Capita, toda concentração, eles passavam na análise de desempenho e pegavam, depois do treino um pen drive do adversário para ficar no quarto assistindo. É a profissão do cara, ele tem que se preparar para fazer bem. É claro que ajudava na parte tática pois eles estavam preparados para muitas coisas".

O vício também nos games é uma realidade e uma discussão recente criada é se jogos que sejam de futebol, nos quais se manuseiam em configurações táticas da equipe, podem ajudar de alguma forma em um melhor entendimento tático para o jogador: "eu particularmente não vejo ajudar em nada, se alguém provar o contrário, eu vou jogar videogame. Mas é uma geração complicada, que realmente nos dias de hoje corre para o vestiário para olhar o celular. Pelo menos no final do treino, é muito difícil ter uma resenha mesmo. Mas esta geração vai ter que aprender. É porque às vezes pelo talento que o jogador tem, eles acham que não precisam mais, e eu acho que no futebol a gente sempre tem que estar aprendendo. No futebol, a gente produz o que a gente faz e os frutos aparecem", expõe o ex-goleiro Magrão.

O jornalista Marcel Capretz vai nessa mesma linha: "essa nova geração tem muitas opções de entretenimento, coisas que há 20 ou 25 anos atrás não existiam. E também vai interferir na ponta do icebergue da alta performance, porque quando eu falo de alto nível, estou falando de um jogador que vive intensamente a profissão".

Um agravante, até um pouco engraçado, é que os games de futebol talvez não tenham sido a principal escolha desses atletas: "as minhas últimas experiências não foram nem o futebol. Teve um dia que eu cheguei no almoço da concentração e eles: 'pô, eu te matei'. Uns jogos de guerra e eu olhei aquilo e falei: 'meu time, gente, tem jogo daqui quatro horas'. Eu acho que tem tempo para tudo numa concentração. Não sou muito a favor da concentração, mas aqui no Brasil ainda é necessário. Mas acho que dá para brincar um pouco de videogame, assistir o adversário, dormir um pouco. O problema é que estão fazendo só uma coisa e o pior: já passei em quartos e os atletas completamente tortos na beira da cama, com quatro a cinco horas seguidas, naquela tensão e não descansando nada", dispara Carille.

Há muitos conteúdos disponíveis na internet que poderiam auxiliar na evolução cognitiva do jogador, mas não é fácil convencê-los a isto: "é um baita desafio você conseguir fazer com que este jovem entenda a necessidade de buscar mais experiência, mais conhecimento, assistir futebol e não somente os melhores momentos. Saber por que o Cristiano Ronaldo é o Cristiano Ronaldo, a postura dele. É difícil hoje fazer eles investirem tempo assistindo um documentário ao invés dele jogar Free Fire. Ele quer jogar e vai jogar. Mas por que não conciliar com o esporte, o ganha-pão dele? Dentro do clube é algo que me deixa irritado e acho inadmissível usar celular no vestiário no dia de jogo. O cara tem que aprender que aquele é o momento mais importante do dia dele. Isso pra mim é inegociável", agrega no debate o meia Fillipe Soutto, ex-Atlético Mineiro e Ituano.

Pode parecer controverso, mas o atleta se inteirar sobre o jogo e até mesmo estudar pode fazer toda a diferença: "é absolutamente necessário que os atletas tenham esse interesse. O treinador às vezes dá tudo de forma mastigada ao atleta e parece que é quase uma punição a determinados atletas. Por outro lado, há atletas indo ao encontro para buscar desenvolver os pontos fracos. E vão vencer os que entenderem e buscarem, não de forma mecânica, ler para dizer que está lendo, mas tirando lições. Sem estes jogadores que buscam o conhecimento, o resultado final fica mais difícil para compreender a proposta comandada pelo treinador", contribui o professor João Paulo Medina.

Vivendo isto na prática, Matheus Donelli reforça: "buscar informações, trocar uma resenha com o treinador, o analista, acho muito válido e a gente acaba aprendendo muito, diferente de sair correndo para pegar o celular. Este atleta que tem mais interesse sobre o futebol, sobre a situação que ele vive 24 horas por dia, acaba se destacando mais".

O analista de desempenho, João Boaventura, compartilha um processo criado no Cruzeiro, enquanto esteve lá: "criamos um método de trabalho que, logo após serem feitas as coletas de dados, os atletas vão na sala e assistem aos próprios lances junto do treinador e do auxiliar técnico. Assim, tentamos criar essa cultura para o atleta ficar consciente que o jogo não acaba ali no apito final".

Felipe Ximenes contribui na temática com uma proposta de abordagem brilhante: "a gente tem uma tendência a romantizar tudo aquilo que a gente viveu, que era mais bonito que o atual. Isso aconteceu com meus pais, acontece comigo, vai acontecer com nossos filhos, é natural. A gente conseguir conciliar o avanço da tecnologia com coisas importantes do relacionamento é o grande desafio. O gestor tem a função de mediar esses processos. O WhatsApp e o Instagram são ferramentas fantásticas que não inviabilizam um bom bate-papo sentado na grama depois do treino, depende da capacidade de conduzir a sua equipe, em cima de um propósito comum para que todos tenham os objetivos individuais e que possam se convergir. O que difere o remédio de um veneno é a dose. A medida certa do doce no café é o que faz a diferença do bom café".

O experiente treinador Ricardo Drubscky, com passagens por Fluminense e Goiás, que também foi diretor no futebol de base por muitas vezes, passa uma sugestão: "infelizmente ainda temos uma formação muito paternalista e protecionista aos atletas. Costumamos brincar nos bastidores que se deixar um atleta adulto fazer um check-in, ele costuma se dar mal, pois ele tem tudo na mão. É a crítica que faço à nossa formação. Eu sempre como diretor de base tomei a decisão, por exemplo, de que se um jogador precisa fazer um exame, eu dava o vale-transporte, o endereço e deixava ele se resolver. São atitudes mínimas para que o atleta se socialize. Se a gente não mudar os paradigmas e nossas crenças, vamos continuar da mesma forma".

2.11 A PSICOLOGIA

A psicologia desempenha um papel crucial no mundo do futebol, transcendendo as fronteiras do campo para se infiltrar nas mentes dos atletas. Ela não promove apenas a saúde mental, mas também se entrelaça com inúmeras facetas do jogo. Desde o controle do estresse até uma relação íntima com o Modelo de Jogo da equipe, a psicologia é a chave para o desempenho excepcional e a longevidade na carreira esportiva. Depois de muito tempo, pode-se dizer que finalmente essa área do saber começa a ganhar a guerra contra o preconceito e a ignorância, sendo agora uma área do saber inseparável do futebol.

Quando dizemos que a psicologia começa a vencer a guerra, é importante ressaltar o verbo "começar", pois ainda há muitíssimo a ser feito. Até setembro de 2023, metade dos clubes da série A do Campeonato Brasileiro não possuía um psicólogo no clube[20]. Por incrível que pareça, a resistência dos clubes para com esses profissionais não acontece somente por preconceito ou desconhecimento, como pontua o professor Varley Teoldo, membro da Associação Brasileira de Estudos em Psicologia do Esporte e do Exercício: "existe uma enorme diferença entre ser psicólogo, psicólogo do esporte e psicólogo do futebol. Precisamos entender que não é qualquer psicólogo que pode ser psicólogo no futebol".

O mais interessante é que, o público em geral, quando reflete sobre a rotina de um psicólogo no futebol, supõe imaginar um terapeuta, daqueles sentados em um sofá junto ao atleta, escutando-o. Na verdade, esse psicólogo é de uma linha clínica, que a maioria das universidades acaba por formar: "a terapia freudiana tem baixa evidência científica sobre o que é feito, mas a cada dez cursos, nove são nesta linha", alerta Varley. Por isto, às vezes, ingenuamente criticamos os clubes brasileiros de não possuírem a psicologia corretamente delineada no futebol, pois faltam profissionais especializados.

Se antigamente o psicólogo era visto como um intrometido no trabalho do treinador, atualmente é possível dizer que devem ser inseparáveis. Inclusive, talvez ainda seja um passo a ser mais consolidado, de que até mesmo o técnico precisa de intervenções por parte desse profissional, já que talvez seja o alvo mais pressionado de qualquer equipe, principalmente quando as coisas não vão bem: "tem até uma discussão de quem treina o treinador neste momento também, nós precisamos nos manter mentalmente ativos,

[20] AMORIM, Carlos Vinicius. Na era da saúde mental, metade dos clubes do Brasileirão não tem psicólogos no time profissional. *Trivela*, [*s. l.*], 11 set. 2023. Disponível em: https://trivela.com.br/brasil/campeonato-brasileiro/brasileirao-psicologo-saude-mental/. Acesso em: 31 jan. 2024.

mentalmente treinados", assume Fábio Lefundes, treinador do Madura United da Indonésia.

Sem a saúde mental em dia, dificilmente o treinador conseguirá dimensionar todos os desafios inerentes à sua função, lembra o psicólogo Jorge Sequeira: "o treinador que conseguir harmonizar as dimensões psicológicas, sociais e emocionais, que fizer bem esta mistura, esta sopa com tática, técnica e mental é o melhor. Às vezes, é no aspecto mental que se ganha. Isto faz a diferença, e na minha opinião, é isto que faz um grande treinador".

É impensável um treinador trabalhar o atleta mentalmente sem antes estar bem consigo mesmo. Isto porque é fundamental uma boa capacidade de empatia, de entender a fundo o seu liderado: "você tem que entender cada jogador isoladamente. Por exemplo: tem atletas que não gostam de ser cobrados, de serem exigidos na frente de todos. Outros preferem uma conversa antes ou depois do jogo. E esse fio você vai esticando à medida que vai compreendendo cada um. Procuro conversar sempre individualmente, é a minha ideia. Vou tentando mapear o jogador em relação à profissão, nível de educação, de cultura, de vida pessoal, até onde ele me dá abertura para ir", relata Lefundes.

Dentro dessa aproximação com os atletas, é muito comum um trabalho esmiuçado de compreender todo o perfil psicológico deles. Essa tarefa pode ser feita em parte pelo treinador, mas primordialmente pelo psicólogo através de entrevistas e testes, absorvendo dados e informações relevantes para um trabalho mais assertivo: "psicólogos sempre fazem este processo, sempre direcionam e passam tudo que está acontecendo com o atleta. Eles nos direcionam sobre alguns comportamentos que os atletas estão tendo nas atividades deles e facilita muito para a gente", conta o treinador Fábio Brostel.

A partir desse raio-x, humaniza-se muito o trabalho no dia a dia: "talvez ter um armazenamento de background de cada jogador pode ser uma coisa mais da psicologia mesmo. Quem comanda o futebol, seja o executivo, o treinador ou os auxiliares, podem se interessar mais por essa parte da gestão humanizada, saber mais dos problemas de cada jogador. Você se interessa mais pela pessoa que está ali trabalhando com você. O jogador às vezes briga com a namorada, ou a mãe morre, ele muda completamente. Também se ele acha que está ganhando menos e tinha que ter um aumento, ele é outro. São várias facetas dentro de um mesmo jogador que muitas vezes a gente não sabe o que vamos encontrar no dia a dia. Atividades humanas serão sempre muito subjetivas, com várias interferências", lembra Lucas Drubscky, executivo de futebol.

É justamente também o psicólogo que possui técnicas para melhor abordar o atleta em momentos conturbados em que ele precisa desabafar: "quando acaba o jogo você sabe se foi bem ou mal, não é a torcida vaiar ou aplaudir que vai definir o seu jogo. Eu consigo te enganar, mas não consigo me enganar", compartilha Willian Farias, volante do Coritiba, com passagens por Cruzeiro e São Paulo.

Os atletas sabem as dores emocionais que carregam, como relatou Willian, mas que precisam sempre ser dirimidas, a fim de evitar quadros de depressão, mais comum do que as pessoas imaginam. Dentro desse cenário, é impensável que o psicólogo seja incorporado em clubes somente em momentos ruins no campeonato: "tem que acabar essa história de psicólogo bombeiro, que chega na última jornada e diz para darem as mãos, isso é palhaçada", dispara Jorge Sequeira.

No mesmo juízo, o psicólogo Gabriel Puopolo de Almeida repercute: "cria-se muitas vezes uma expectativa muito grande de que o time está tendo uma dificuldade no campeonato, um jogo decisivo, aí aciona o psicólogo como se ele fosse uma vara de condão para resolver instantaneamente os problemas. O trabalho da psicologia precisa estar integrado com as demais áreas de conhecimento que também estão presentes. Solicitar que o psicólogo na véspera do jogo faça uma palestra e uma intervenção é o mesmo que convidar um preparador físico uma semana antes para fazer um aquecimento ou preparação específica. O trabalho da psicologia precisa estar desde o início da temporada".

Para ilustrar ainda mais o raciocínio, Varley Teoldo faz comparações com outras áreas: "a preparação psicológica de uma equipe é como a preparação física e não é feito de forma a apagar incêndio. A preparação mental exige um especialista, e é construída ao longo do tempo como é a parte física e a tática".

Dentro desse contexto, mais uma coisa que as pessoas precisam diferenciar é a motivação de mobilização: "a motivação é um processo através do qual cada um encontra os seus motivos e valores pelos quais realiza alguma coisa. A mobilização tem a ver com você assistir um vídeo ou uma palestra que te deixa com muita energia. A motivação sustenta o longo prazo, a mobilização é instantânea, leva a uma euforia, mas depois tem uma decrescente", explica Puopolo.

Arrisco a dizer que mais do que ter um psicólogo, por vezes, este já pode ser considerado uma extensão da comissão técnica, como raciocina perfeitamente Gabriel Puopolo: "é curioso porque o psicólogo precisa manter uma posição peculiar. Ele precisa ter um pé dentro da comissão técnica e outro para fora. Tem que ser parte da comissão porque tem que estar envolvido nas coisas e tem que ter poder de uma possibilidade de opinar, aconselhar e de ajudar naquilo que é preciso. Ele tem que estar atento no sentido de que ele tem que servir a comissão no sentido de ajudá-la naquilo que acredita ser importante. Ao mesmo tempo, ele tem que estar distante, o suficiente para poder trabalhar na própria comissão. Na CBF é comum conversarmos sobre: 'seu time estava ansioso ou era você que estava e portanto seu time ficou ansioso?'. É preciso que o psicólogo seja parte do processo. Muitas vezes nem se faz necessário trabalhar os atletas, quando eu trabalho a comissão técnica, isso já se projeta nos atletas".

Mais do que "treinar" o treinador, o psicólogo do futebol deve fornecer informações valiosíssimas para auxiliá-lo em suas tomadas de decisão: "um bom profissional consegue individualizar este trabalho por posição, pois a demanda do futebol, com 11 jogadores de características técnico-táticas em campo, é totalmente distinta", comenta Teoldo e nos lembra que as demandas psicológicas de um goleiro para um atacante, por exemplo, são muito distintas. Ele exemplifica: "um atacante de beirada, preciso que ele seja muito impulsivo, pois precisa tentar muito o um contra um. Já um zagueiro não posso querer impulsividade, pois ele vai antecipar em bola que não é para isto".

A explicação de Teoldo demonstra claramente a importância de uma visão holística no futebol. Quando falamos nos capítulos anteriores, em algumas oportunidades, da transdisciplinaridade inerente ao jogo, através dessa relação da psicologia com a tática, citada no parágrafo anterior, fica ainda mais evidente.

Até aqui, em nosso texto elucidamos a psicologia um pouco mais em suas componentes emocionais e comportamentais: "a emocional é o controle de estresse, de raiva e de ansiedade. A comportamental é a liderança, a comunicação. Outro componente essencial é o cognitivo, que entra a percepção e a atenção. Se eu não consigo perceber e antecipar, não tomo boas decisões", leciona o professor Varley Teoldo.

Esses componentes da psicologia também nos mostram a importância da especificidade no conhecimento da modalidade. Engana-se quem pensa que o psicólogo não precisa ter conhecimentos do jogo, pois as demandas de um atleta de vôlei são completamente diferentes de um de futebol: "é preciso olhar para a característica do jogador, para a posição que ele atua, para o modelo de jogo, para conseguir teoricamente inferir quais são as demandas psicológicas a destrinchar. Por exemplo, qual a demanda emocional de um atacante quando perde um gol e de um goleiro quando falha? Quais as demandas de um líbero no vôlei e de um volante no futebol? São bem diferentes", esmiúça Teoldo e ressalta que tudo isto é treinável, em laboratório e depois no campo.

Faz-se necessário bater na tecla da importância desse trabalho desde a pré-época. Assim como os testes físicos, devem ser implementados testes psíquicos, como relacionados à resiliência e a outras capacidades que interessam no futebol: "Todos os atletas fazem os mesmos testes? Não. Um bom psicólogo do esporte tem que chegar a um clube e refletir: o que a posição lateral direito precisa psicologicamente? Este é um desafio que coloco aos treinadores. Se pensarmos tecnicamente, eles (os treinadores) vão dizer que um lateral precisa de um bom passe, um bom cruzamento. Taticamente vão elencar a necessidade de um bom retorno defensivo, um posicionamento na linha de 4, a relação um contra um para jogar o adversário para a beirada. Fisicamente, é ainda mais fácil dizer que será preciso resistência aeróbia, resistência de força. E psicologicamente? Daí é um momento que a maioria costuma se calar, pois falta conhecimento. Um lateral precisa bater lá em cima e voltar para ajudar um meia que perdeu a bola e recuperá-la por ele. Assim, eu preciso avaliar aspectos de altruísmo, isto é, o quanto ele é solidário", conclui Teoldo, com passagens por Cruzeiro e Cuiabá.

Para finalizar, a psicologia pode abranger um clube de futebol em muito mais dimensões do que se imagina, assim como grandes empresas fazem, como conclui Puopolo: "é preciso revisitar o papel dos psicólogos de modo geral nos times de futebol. A começar pelos psicólogos e também as instituições que contratam esses profissionais em alguns aspectos. Criou-se ao longo do tempo, um padrão de um trabalho da psicologia diretamente voltada apenas aos atletas e eu penso que a psicologia poderia contribuir muito mais. Enquanto área do conhecimento, a psicologia é uma área muito vasta, e o psicólogo apesar de ser um profissional habilitado na área, ele não é dono da psicologia, ele é disseminador de conhecimento sobre psicologia. Do funcionamento humano de modo geral. Por exemplo: grandes empresas hoje em dia têm profissionais que muitas vezes são psicólogos para os recursos humanos, que são pessoas que estão ali dentro das empresas pensando não voltadas apenas para o pagamento, férias e demissão, eles estão pensando no aspecto humano da instituição como um todo. A área de recursos humanos é uma área dedicada para pensar no elemento humano no meio das relações, no meio da identidade e da produtividade das pessoas dentro de uma determinada organização. E os clubes de futebol carecem muito disso. O RH fica muito focado na parte burocrática, por assim dizer. Faltam pessoas, e aí a psicologia e os psicólogos podem ajudar muito no contexto mais geral. O futebol é jogado em vários campos: campo de grama, campo das relações e das comissões, campo da política, campo administrativo, campo da torcida.

Então eu penso num despertamento de psicologia em diferentes posições dentro da própria instituição, ajudando desde os atletas até a alta gestão".

3

DIREITO DESPORTIVO

O direito desportivo é, por incrível que pareça, um dos ramos mais antigos do direito. Isto porque a manifestação desportiva de forma organizada e globalizada é justamente caracterizada pela uniformização das regras de um determinado esporte de alto rendimento. O futebol praticado na Oceania possui as mesmas regras que o praticado na América do Sul, na Europa ou em qualquer outro continente, fato que o torna devidamente globalizado.

O esporte e jogos em geral existem há séculos com regulamentos, normas e regras. Já na Grécia Antiga, por exemplo, podemos observar regramentos que faziam parte das competições, como as Olimpíadas. Com o passar do tempo, o direito desportivo evoluiu, através da maior relevância social e econômica do esporte, abrangendo muito mais do que as regras de um jogo, mas também tudo o que o envolve direta ou indiretamente: contratos, propriedade intelectual, transferências etc.

O principal objetivo do direito desportivo, por óbvio, é regulamentar as atividades esportivas. Na chamada Lex Sportiva, conjunto de normas e regulamentos que governam e regulam as atividades esportivas em níveis nacional e internacional, é possível observar que ela sofre influência de vários outros ramos do direito, como o direito civil, internacional, empresarial, trabalhista e até mesmo penal. Isto ocorre porque as questões legais que surgem no contexto do esporte são diversas e complexas, exigindo a aplicação de diversas áreas do direito para resolvê-las.

Como vocês poderão concluir na sequência desta obra e deste capítulo, o direito desportivo é caracterizado pela sua interdisciplinaridade, exigindo diferentes saberes e perspectivas para o enfrentamento dos seus desafios. Isto porque, para esses desafios, a comunicação e a conexão entre as diferentes áreas farão a diferença para uma abordagem conjunta. Diferentemente da multidisciplinaridade, que envolve a contribuição das disciplinas de forma separada, a interdisciplinaridade busca a integração e a interação entre elas.

Toda atividade que movimenta cifras elevadas de dinheiro possui uma maior necessidade de regulamentação, a fim de que possua segurança jurídica. O esporte, e mais especificamente o futebol, foco desta obra, encaixa-se perfeitamente nesse caso. A credibilidade do produto e o desenvolvimento da indústria estão diretamente relacionados com uma boa regulamentação. Por isso, o direito desportivo deve ser considerado um ramo autônomo do direito, na medida em que se concentra em situações específicas, possui uma base teórica própria (princípios e conceitos), fontes normativas e relevância social. Mas não confundam: essa autonomia não significa isolamento, como vimos anteriormente, devido à constante interlocução do direito desportivo com outros ramos do direito.

Explicada a enorme diversificação do direito desportivo, justifico a abrangência de tantos e diferentes assuntos com os convidados através das *lives*, como poderão perceber a seguir.

3.1 A NOVA LEI GERAL DO ESPORTE

Quando este livro estava sendo escrito, a nova Lei Geral do Esporte (14.597/2023) foi publicada e sancionada pela Presidência da República. Portanto, é importante dizer que os conteúdos a seguir precisam ser lidos de acordo com as mudanças que esta nova legislação possa ter trazido.

A Lei foi aprovada primeiramente no Congresso Nacional e a seguir enumero algumas questões importantes:

- A unificação de todas as legislações, assim revogando a Lei Pelé, o Estatuto do Torcedor, entre outras leis. O objetivo aqui é findar a enorme colcha de retalhos que perdura o esporte no país, condensando tudo em um mesmo documento.
- Criação da Autoridade Nacional para Prevenção e Combate à Violência e à Discriminação no Esporte, incluindo uma série de responsabilidades para a organização das competições.
- A tipificação da corrupção privada no esporte.
- A permissão de contrato de trabalho de natureza civil.
- A possibilidade de cada modalidade esportiva criar seu Código de Justiça Desportiva.
- A consolidação do direito de transmissão e comercialização de imagens dos jogos pertencer ao clube mandante da partida.
- A Cláusula Compensatória Desportiva flexibilizada caso o atleta obtenha um novo contrato de trabalho.

Para emaranhar o debate, a publicação da Lei pela Presidência foi feita recheada de vetos que, até a publicação deste livro, ainda não tinham sido submetidos à reanálise pelo Congresso Nacional.

Assim, é importante que o leitor saiba que no momento da leitura, esses vetos já podem ter sido analisados e a legislação estar modificada.

3.2 DIREITO TRIBUTÁRIO DESPORTIVO

A maioria das disciplinas do direito possui um nome autoexplicativo no tocante ao objeto da sua regulamentação e, por óbvio, o direito tributário desportivo envolve as relações entre o esporte e o sistema tributário de um país. O nosso foco será relacionado às questões fiscais das entidades práticas desportivas (os clubes) e dos atletas, assuntos que reservam diversas e interessantes polêmicas.

O futebol brasileiro, como já explicitado, movimenta bilhões na economia, mas, por outro lado, o Estado só arrecada cerca de 1,4% em tributos[1]. A proporção é muito baixa em relação a outras atividades, e isto ocorre devido ao fato de que a maioria dos clubes é organizada em um formato de Associação Sem Fins Lucrativos, isto é, não há distribuição de lucros entre associados e todo dinheiro arrecadado deve ser reinvestido no clube. Nesse formato, os clubes possuem isenção fiscal em vários impostos, como destaca o advogado e professor Dr. João Paulo Almeida Melo: "não é uma desoneração total, mas há um tratamento diferenciado sim".

Críticos da isenção de impostos ponderam que os clubes de futebol precisam ser considerados empresas privadas como quaisquer outras, com receitas altíssimas, e deveriam ser tributados como tal, pois esse privilégio leva a distorções na economia. Por outro lado, há quem ressalte a importância social dos clubes, pois "querendo ou não, os clubes pegam jovens atletas, dão moradia, ensino, alimentação, e acabam fazendo às vezes o papel do Estado em muitas situações", como destaca o Dr. João Paulo e depois complementa: "como uma forma de apoio, uma forma de incentivar, a desoneração tributária tem vez, pois o adolescente pode não ser um craque no futuro, não vir a ser profissional, mas forma-se um cidadão".

Fato é que, mesmo com a isenção de alguns impostos, os clubes brasileiros, ao longo dos anos, formaram dívidas estratosféricas com a Receita Federal. Várias iniciativas foram criadas em auxílio aos clubes, mas nunca se demonstraram eficazes: o Timemania (2007), loteria criada para ajudar a pagar as dívidas em que parte da venda dos bilhetes é destinada aos clubes, o Refis 1 (2000) e o Refis 2 (2009), iniciativas de renegociação de dívidas e, mais recentemente, o Profut (2015), que permitiu um parcelamento de até 240 vezes das dívidas.

"Existe, primeiro, a falta de conhecimento, e existe uma falta de responsabilidade de muitos gestores no futebol brasileiro", é o que pondera o Dr. João Paulo Almeida. E continua: "os clubes estão quebrando é por má gestão, por muita política e falta de profissionalismo em todos os setores". E, assim, como elucidado, é notória a ausência de uma gestão qualificada e um planejamento tributário adequado no nosso futebol.

O planejamento tributário é um mecanismo fundamental que consiste na redução da carga tributária de forma legalizada, evitando riscos fiscais e maximizando a eficiência financeira. Esse planejamento deve acompanhar um compliance tributário, importante para manter-se em conformidade às normas tributárias e evitar problemas com autoridades fiscais, como lembra a professora da PUC-Minas e advogada Dr.ª Alessandra Brandão: "hoje em dia a questão do compliance tributário tem sido muito discutida, é muito importante, com a finalidade de resguardar as instituições".

Alessandra defende veementemente um bom planejamento tributário, tanto para clubes quanto para atletas, enfatizando que "as pessoas pensam que existem fórmulas mágicas, que de repente deixarão de pagar tributos". No entanto, isso não é verdade, e ela prefere, geralmente, estratégias "mais conservadoras, que expõem menos as pessoas e oferecem maior segurança para os investimentos e negócios".

Importante ressaltar dois pilares importantes que a Receita Federal utiliza, normalmente, para desconsiderar o planejamento tributário: abuso de forma e/ou a falta de propósito negocial. Segundo o Dr. João Paulo, "o abuso de forma seria escrever no papel uma coisa diferente do que é na realidade, enquanto que a falta de propósito negocial é algo que sempre alerto meus clientes, que junto do planejamento é preciso buscar um elemento adicional". Mas adicionar o quê? Ele continua: "eu, como advogado, falo que o planejamento tributário tem que ser real, mas precisa buscar algo além de somente reduzir a carga, como uma situação ligada à logística, ligada à profissionalização, sempre com todos os cuidados necessários para deixar isso muito claro e evidenciado".

Em linha de raciocínio parecida, Alessandra constantemente se aprofunda na realidade do cliente, pois "se você não conhece a realidade da pessoa, nenhum planejamento tributário será bem-sucedido". Como quase tudo na vida, ela destaca a importância de um diagnóstico prévio "do atleta, do que ele pretende em relação ao investimento, em relação ao futuro, para que aí você procure estratégias tributárias mais econômicas", finaliza.

3.3 TRIBUTAÇÃO E DIREITO DE IMAGEM

O direito de imagem é uma indenização que o jogador de futebol recebe para a exploração comercial de sua imagem, podendo incluir: fotografias, vídeos, publicidade e outros materiais promocionais. A previsão legal baseia-se, primeiro, na nossa Constituição Federal de 1988, em seu artigo 5º, no famigerado direito de propriedade sobre a imagem das pessoas (direito de personalidade). A regulamentação desse direito no futebol segue via Lei Geral do Esporte (14.597/2023), em seu artigo 164:

> O direito ao uso da imagem do atleta profissional ou não profissional pode ser por ele cedido ou explorado por terceiros, inclusive por pessoa jurídica da qual seja sócio, mediante ajuste contratual de natureza civil e com fixação de direitos, deveres e condições inconfundíveis com o contrato especial de trabalho esportivo[21].

O direito de imagem nos levanta uma série de problemáticas e discussões a nível do direito tributário e do direito trabalhista. Por enquanto, vamos nos ater à discussão tributária, mas, basicamente, a razão da polêmica é a mesma: a distinção entre o salário e a indenização do direito de imagem. Em alguns casos, a Receita Federal entende que nos mesmos moldes do salário.

Como ilustra bem o advogado e também professor da PUC-Minas, Dr. João Paulo Almeida Melo, "é uma praxe no mercado do futebol, que o direito de imagem, pelo fato de não se ter natureza trabalhista, consegue-se reduzir alguns encargos diretos e indiretos, o que era muito normal de se pagar um valor maior a título de direito de imagem", lembrou. Assim, muitos clubes se valiam da maior parte dos salários via direito de imagem, que não era tributada da mesma forma que o salário comum. No entanto, essa prática foi considerada abusiva pelas autoridades fiscais e pela opinião pública, já que muitos jogadores recebiam valores exorbitantes de direito de

[21] BRASIL. Lei nº 14.597, de 14 de junho de 2023. Institui a Lei Geral do Esporte. Brasília, DF: Presidência da República, 2023. Disponível em: https://www.planalto.gov.br/ccivil_03/_ato2023-2026/2023/lei/l14597.htm. Acesso em: 3 jul. 2024.

imagem em detrimento de outros direitos trabalhistas, e também pagando uma alíquota menor de imposto de renda.

Para exaurir esse problema, em 2015 foi aprovada uma mudança na Lei Pelé que limitou o pagamento do direito de imagem em 40% do total do salário do jogador. Isso significa que no máximo 40% do salário pode ser pago como imagem, enquanto os outros 60% devem ser pagos como salário comum, sujeitos aos mesmos impostos e encargos trabalhistas.

Apesar da existência de alguns raciocínios plausíveis para questionar esse limitador, João Paulo acredita em uma regra impositiva e conclui que "se você não observar este parâmetro de 40/60, o risco de ser autuado, de perder na esfera administrativa é altíssimo, e acho muito difícil, inclusive, reverter na esfera judicial, exatamente porque existe uma lei objetiva, e clara, dividindo este parâmetro de 60% e 40%".

Muitos jogadores, para o recebimento do direito de imagem, começaram a abrir empresas, a fim de que tal indenização fosse depositada em Pessoa Jurídica, garantindo, assim, uma alíquota menor no imposto de renda. Acontece que mais um debate foi iniciado junto à Receita Federal, que passou a entender essa atividade como fraude.

Como bem destaca a professora Alessandra Brandão, a chamada "pejotização" não é exclusividade do futebol: "essa questão não é restrita a atletas. Tem essa questão do futebol, mas ela também se refere a profissionais liberais e às profissões que são intelectuais, que são exercidas pela pessoa física e na forma empresarial, e que se utilizam disso para poderem ter uma redução na carga tributária".

Em outros países, essa discussão também é comum, mas uma decisão mais enérgica foi tomada: "eles proíbem esse tipo de atividade na pessoa jurídica, e, do ponto de vista tributário, esses rendimentos vão ser totalmente recebidos na pessoa física", contou Alessandra.

No que toca ao direito de imagem dos atletas, a polêmica é ainda maior, pois se tratando de direito de personalidade, a Receita Federal entende que o mesmo não poderia ser cedido a uma pessoa jurídica, o que configura mais um argumento na consideração de uma atividade simulada.

De fato, para os atletas, o recebimento por uma empresa pode conseguir uma redução da carga tributária quase pela metade, visto que a alíquota referente seria na modalidade de lucro presumido. Para maior segurança jurídica, "é importante que seja uma empresa que tenha outros objetivos além daquele referente a receber o direito de imagem", insiste João Paulo. Por outro lado, ele reforça que não está dizendo "que não há risco de ser autuado, mas que há possibilidade sim, uma vez acontecendo essa fiscalização, de conseguir sustentar e demonstrar que é um planejamento tributário lícito". Na mesma linha, Alessandra lamenta que, mesmo com a Lei Pelé dando segurança normativa, "as fiscalizações não respeitam isso, esse percentual, e desconsideram isso totalmente, entendendo que a empresa não existe".

A pergunta, talvez, de um milhão de dólares, passa a ser: qual seria a estrutura ideal para essa empresa, o que ela precisa ter? Alessandra relembra que "antigamente falava-se que tinha que ter conta de luz, conta de telefone, ter empregado", mas questiona: "essas empresas precisam mesmo disso?". Ela reforça que com o avanço da tecnologia, crescimento de coworkings, atendimentos via chat bot, entre outras novidades, é "preciso avançar a mente e reconhecer que nesse tipo de sociedade não é necessária essa estrutura, ela existe é no papel mesmo e o que eu acho é que é preciso reconhecer que essa é uma opção fiscal lícita".

Pelo lado do clube, a divisão do salário e a imagem, pode ser interessante, pois "levando por natureza personalíssima, cível, você consegue reduzir aquela tributação que ficaria caro", destaca João Paulo. Mas, na prática, pelas recentes autuações, muitos clubes têm ficado com receio e trabalhado com 100% do valor na carteira assinada. Alguns clubes, como lembra Alessandra, cometem um erro bizarro na redação dos contratos e preveem "13º de direito de imagem".

3.4 PLANEJAMENTO TRIBUTÁRIO NO EXTERIOR

Como já colocado, o planejamento tributário é sempre um processo fundamental para os jogadores, para minimizar a carga tributária e maximizar os ganhos financeiros. Essa atenção deve ser redobrada quando se trata de transferência para o exterior.

Obviamente, ao atuarem em outro país, os jogadores ficam sujeitos às leis fiscais do país anfitrião e também do seu país de origem. Dentre algumas medidas, é preciso averiguar a existência de tratados internacionais e providenciar uma série de burocracias.

Alguns dos primeiros procedimentos são as chamadas comunicação de saída definitiva e declaração de saída definitiva, adquirindo a condição de não residente no Brasil e, assim, devendo pagar impostos somente auferidos em território brasileiro.

A advogada e professora da PUC-Minas, Alessandra Brandão, destaca que a complexidade dessas medidas está nos seus respectivos efeitos, porque "o grande problema é que quando a pessoa adquire a condição de não residente, ela tem uma série de problemas que não tem relação com tributário, mas bancários". Segundo ela, os bancos costumam não aceitar contas de não residentes e restringem os investimentos, "pois o banco tem obrigações perante o Banco Central e tem que certificá-lo da origem do dinheiro, o que faz com que o Banco fique receoso e aplique as restrições para contas de não residentes".

A advogada Maria Cristina Pantoja, integrante do escritório Bichara e Motta Advogados, complementa que "a pessoa passou a ter um CPF de não residente e, para o banco, se você tinha um dinheiro guardado, não pode ter os mesmos tipos de investimento que um residente tem, daí seguindo as regras do Banco Central e da Receita Federal, impõem as mesmas regras de um estrangeiro que quer ter conta no Brasil, com várias limitações".

Isso tem se tornado constrangedor, pois as pessoas precisam dessa conta para sustento de familiares e pagamento de contas no Brasil. Uma solução construída na prática, citada pela Dr.ª Alessandra, foi de "manter as duas residências, e a pessoa continua declarando imposto de renda no Brasil, como se ainda estivesse morando nele, e também fazendo tudo no exterior, com os respectivos dinheiros separados". Todavia, caso o indivíduo mantenha vínculo no Brasil, ele acaba sendo tributado no território brasileiro, o que eleva muito os respectivos custos.

Alessandra ressalta que é um erro comum "as pessoas acreditarem que o que se ganha no exterior não tem relação com o Brasil, ou vice-versa, pois hoje os países são interligados e têm um eficiente sistema de troca de informações". No final, o mais importante é que as pessoas "não devem acreditar que, considerando a tributação adequada, o valor a ser recolhido é excessivo, pois as quantias envolvidas em autuações são muito maiores do que o pagamento em dia dos impostos".

Com informações e conhecimentos vastos, o advogado Luis Fernando Pamplona, professor do ISDE (*Higher Institute of Law and Economics*), lembra que "o esporte é um mundo específico, com peculiaridades" e que, em seu escritório, "analisa o local de saída do atleta e as implicações fiscais, mas também a composição e a fonte de receita". Ele exemplifica dizendo que o atleta "tem recursos advindos de atividades subordinadas, como salário, bônus, bicho, que podem ter um tipo de tratamento fiscal com o clube, mas também pode receber dinheiro por participação em seleção nacional, por um contrato de patrocínio com uma empresa de material esportivo, e assim por diante, rendimentos que possuem outra origem, assim como as aplicações financeiras, renda de locação e venda de imóveis", completou.

Existem alguns princípios básicos para a tributação internacional, que são de importante conceituação para nosso texto:

1. O primeiro diz respeito à fonte pagadora, ou seja, estabelece que o país onde as receitas são geradas tem o direito de tributá-las. Para esse princípio, Pamplona lembra que, sob ponto de vista prático, mesmo que não se faça declaração de saída do Brasil, "o atleta assina um contrato de longo prazo, então ele vai passar pelo menos 183 dias naquela jurisdição, que é a regra básica do modelo tributário adotado pela maioria das jurisdições para o esporte e, a partir disso, a pessoa vai ser considerada residente fiscal naquele país".
2. O princípio da universalidade, ou da residência, permite o direito de cada país tributar as receitas geradas pelos residentes daquele território, independentemente de onde elas foram geradas. Pamplona novamente elucida que "se deixei, por exemplo, uma locação do meu primeiro imóvel no Brasil quando me mudei, vou ter a tributação na fonte da locação, mas posso ter que complementar a tributação no outro país".
3. Há também o princípio da nacionalidade, que estabelece que um país tem o direito de tributar seus residentes com base em sua renda e patrimônio em qualquer lugar do mundo. Os EUA adotam esse sistema, então, se "um atleta que vai jogar na Itália, comprou um imóvel na Flórida e resolve tirar um green card para família viver lá, poderá ser equiparado a um nacional americano, e tributado lá com carga superior", pontua o professor Luis Fernando Pamplona.

Mais uma vez, a Dr.ª Maria Cristina ressalta a globalização das informações em que "as receitas estão começando a buscar uma comunicação entre elas, e que é algo muito peculiar conseguir fazer o aproveitamento do crédito e do tributo que já se pagou em outro país". Na sequência, Pamplona lembra que "a totalidade do crédito pode ser aproveitada em outro país desde que haja tratado para evitar bitributação".

A observação da existência ou não de um tratado entre os países, por sinal, é uma das primeiras providências a serem tomadas pelos advogados, pois pode haver, inclusive, um limitador de crédito nesse tratado. Alessandra conta-nos que "nos tratados entre Brasil e a China, e também com Portugal, há uma cláusula específica para atletas, de que ele será tributado onde ele está jogando e residindo, então onde ele exerce o trabalho".

Assim como Pamplona destacou, Alessandra parece concordar sobre a importância de entender o portfólio de rendimentos do atleta "para ir encaixando nos dispositivos, mas sempre seguindo os tratados internacionais, se houver, pois é o mínimo de garantia que o contribuinte tem em um cenário de tributação internacional, que é quase que um quebra-cabeça".

Luis Fernando Pamplona aproveita então para trazer à tona uma discussão sobre o atleta saber se o salário oferecido é bruto ou líquido, sendo "importante ter uma atenção especial na redação da cláusula de garantia fiscal, inclusive qual limite territorial desta proteção se o salário for pago em atraso através de uma disputa de resolução na FIFA ou no CAS".

A unanimidade foi imediata entre Luis Fernando e Alessandra quando se trata de assessoria ao atleta na formulação do contrato. Primeiro, ele destacou para jogadores que "quando for trabalhar em um clube, sempre pergunte ao seu empresário se o seu salário é bruto ou líquido, e se o imposto é retido na fonte ou não". A professora Alessandra finaliza ao dizer que "o atleta tem que conhecer qual a tributação que ele está submetido para saber quanto ele vai ganhar, pois se a carga tributária aumenta, ele vai precisar fazer um combinado e a questão do líquido ou bruto será essencial".

3.5 DIREITO DO TRABALHO DESPORTIVO

A regulamentação da relação laboral no esporte é uma das missões mais importantes do direito desportivo. O futebol, por movimentar cifras bilionárias em contratos e transferências, naturalmente, precisa de uma regulação trabalhista específica.

Há quem diga que o futebol existia desde as civilizações primitivas, entre Maias, Incas, Egípcios, Chineses etc. Mas fato é que, documentalmente, foi criado na Inglaterra, mais precisamente na Universidade de Cambridge, através de estudantes por volta de 1848. Até hoje, é dito, inclusive, que o tamanho do gol (7,32m) é fruto dos portões da Universidade onde era praticado.

Inicialmente, a prática do futebol foi predominada pela alta elite de estudantes, mas depois foi tomada por operários-trabalhadores, possuindo profunda relação com a Revolução Industrial e as conquistas iniciais de direitos trabalhistas, como o dia de folga. Inclusive, a rodada de sábado do Campeonato Inglês é considerada sagrada, uma vez que era justamente o dia da folga onde se praticava o futebol no seu início. Muitos clubes, posteriormente, não somente na Inglaterra, surgiram das relações das fábricas com o jogo. Não à toa a Juventus surgiu da Fiat na Itália, o "*naming-rights*" do estádio do PSV na Holanda é da Phillips, Chelsea e Tottenham vieram de regiões fabris e, no Brasil, Palmeiras e Botafogo de Ribeirão Preto remontam à empresa Antártica, sendo que o estádio do primeiro, por muito tempo, chamou-se Parque Antártica e as cores do escudo do segundo possuem indicações da marca mencionada.

O futebol chegou ao Brasil através de Charles Miller, brasileiro e filho de ingleses. Ele estudou na Inglaterra e, ao retornar em 1884, trouxe em sua bagagem duas bolas, uniformes e chuteiras. Assim como ao redor do mundo, seu pontapé inicial foi dado pelas elites e depois foi tomado por operários. As relações trabalhistas, desse ponto em diante, passaram a ser oriundas do vínculo empregatício com as indústrias. Os "atletas" eram contratados como funcionários das empresas, mas, em geral, recebiam o salário apenas para a prática do futebol. O amadorismo propagava como regra até mesmo quando se fundou a Confederação Brasileira de Desportos (CBD), em 1916, entidade que se dedicava aos esportes amadores. Para garantir que o jogo fosse praticado por amadores, as Associações que o organizavam faziam visitas nas fábricas com o objetivo de procurar os funcionários inscritos nas competições e averiguar se, de fato, estavam ali trabalhando. Não se podia ter vínculo empregatício com os clubes por motivos, muitas das vezes, obscuros e preconceituosos.

Com o crescimento do futebol como produto do entretenimento, como performance e consumo, fez-se necessária uma exploração coordenada da atividade. O novo formato objetivava movimentar dinheiro e ter um engajamento social maior, o que não combinava com a ideia de manter o futebol restrito a um grupo específico. Assim, em 1938, o então presidente Getúlio Vargas elevou o futebol como símbolo da identidade nacional.

O núcleo da relação entre clube-atleta é o objeto da prestação de serviço, ululantemente. Com a injeção de muito dinheiro no futebol, ficou evidente a necessidade de se criar segurança jurídica frente à profissionalização instaurada.

Mas o que diferencia a indústria do futebol da indústria comum? O monopólio comercial no futebol não é interessante, devido ao fato de que uma empresa (clube) precisa de outra para existir e competir. Um exemplo que podemos elucidar é entre duas empresas do ramo de farmácia: se uma acabar, será melhor para a outra, pois terá seu *market share* aumentado. No futebol, diferentemente, um outro clube acabar impossibilita a continuidade do entretenimento. Nesse ponto, faz-se essencial diferenciar a relação laboral, pois se um funcionário de destaque de uma das farmácias quiser pedir demissão e ir para a outra, é perfeitamente compreensível e aceitável. No futebol, ao contrário, não se pode ter essa facilidade. O que diferencia o futebol do comércio comum é justamente a exploração coordenada da atividade. A imprevisibilidade precisava, então, dar lugar à previsibilidade na relação do mercado, originando cláusulas para dificultar a mobilidade dos clubes.

Como consequência do histórico relatado, em 1976 foi criada a Lei 6.354, que instituiu a figura do passe. O passe era uma espécie de "cláusula" que vinculava o jogador ao clube, impedindo-o de se transferir sem o consentimento do respectivo detentor do passe, exceto na hipótese do pagamento de um valor estipulado para esse passe (uma multa).

Criaram-se então dois vínculos: o vínculo laboral e o vínculo desportivo. O primeiro referia-se à relação de emprego. O segundo trazia a segurança de que o atleta não trocaria de clube no momento que bem entendesse. Sendo assim, o atleta só poderia perder o vínculo desportivo, ou seja, o registro na federação para atuar por outro clube, caso esse outro clube pagasse o valor do passe, sendo durante ou ao término do contrato de trabalho.

O instituto do passe existia na maioria dos países do mundo e gerava um aprisionamento enorme dos atletas às instituições, não sendo raros os casos de atletas que simplesmente eram colocados de lado após indisposições com os dirigentes de determinada Entidade Prática Desportiva.

O atleta Jean Marc Bosman, apesar de desconhecido desportivamente, foi o grande pilar de discussão no mundo acerca do passe. O atleta atuava pela equipe Liége, da Bélgica e, ao oferecer a renovação, o clube queria reduzir o salário do jogador em 30%, que prontamente não aceitou. Não bastasse isso, Bosman recebeu uma proposta do clube francês Dunker ao final do seu contrato. Pela legislação em vigor, não poderia se transferir sem que fosse pago o passe. Indignado, ajuizou ação no Tribunal Europeu, que, em 1996, promulgou a sentença que mudaria para sempre a relação trabalhista entre o clube e o atleta. A corte baseou-se no Tratado de Roma, de 1957, em que garantia o livre trânsito trabalhista de empregados na Europa. Tal decisão proporcionou negociações entre UEFA e União Europeia para que fossem adequadas as normas esportivas aos direitos fundamentais dos cidadãos. Evidentemente, com a situação criada, as consequências foram mundiais, repercutindo no Brasil. Em 1998, a Lei Pelé, nº 9.615, foi responsável por extinguir de uma vez por todas o passe no Brasil.

3.6 O CONTRATO ESPECIAL DE TRABALHO

A CLT, em seus artigos 442 e 443, define que o contrato de trabalho pode ser firmado com o "acordo tácito ou expresso, correspondente à relação de emprego, verbal ou escrito e por prazo determinado ou indeterminado". Entretanto, devido às inúmeras especificidades que já elucidamos neste texto, essas normas não se aplicam ao desporto.

O Contrato Especial de Trabalho é uma modalidade de contrato prevista na Lei Pelé, utilizado pelos clubes na formalização da contratação dos seus atletas. Nome este que guarda ressalvas do renomado advogado desportivo e trabalhista, Dr. Domingos Zainaghi, que entende que "a ideia de colocar a palavra especial dá uma conotação de uma coisa muito importante e um pedantismo que não deveria ter, mesmo que a intenção fosse dizer que é um contrato diferente dos demais".

Diferente dos demais na medida em que existe, por exemplo, a necessidade de formalização por escrito do contrato firmado entre clube e atleta, além da necessidade de um prazo contratual, que deve respeitar o tempo mínimo de três meses e máximo de cinco anos. Vale salientar que, apesar de a Lei Pelé prever a duração de cinco anos, no caso de atletas com menos de 18 anos, a Fifa só considera os três primeiros anos, conforme Regulamento sobre Status e Transferência de Jogadores, como lembra o advogado e professor Felipe Mourão: "para a FIFA, os três primeiros anos do contrato, quando o atleta tem menos de 18 anos, ou os dois primeiros, quando tem mais de 18 anos, são períodos protegidos".

Com o término do passe, a legislação viu-se obrigada a criar mecanismos que o substituíssem, para que ao mesmo tempo que o atleta não fosse aprisionado ao clube, também não banalizasse as idas e vindas do mercado.

João Chiminazzo, brilhante advogado, relembra que "sobre as cláusulas compensatórias e indenizatórias desportivas, é importante só fazer um pequeno resuminho, pois nós tínhamos a história do passe que era um valor que era cobrado para que atletas saíssem de um clube e fossem para outro". Depois, Chiminazzo complementa: "a gente compara de alguma forma, não como uma escravidão, mas como uma cena de escravidão, porque o atleta ele não poderia transitar livremente".

Com a extinção do passe, a Lei Pelé, inicialmente, adotou a chamada "Cláusula Penal", que gerou "uma discussão levada até o TST se essa cláusula penal tinha uma aplicação bilateral, ou seja, se era devido tanto pelo atleta quanto pelo clube", destacou Chiminazzo. Para dirimir esse conflito, uma nova alteração na Lei foi feita, criando as CID (Cláusula Indenizatória Desportiva) e CCD (Cláusula Compensatória Desportiva).

Zainaghi explica-nos bem a distinção entre ambas: "quando o atleta quer ir embora, ele vai ter que pagar uma multa (cláusula indenizatória) de até duas mil vezes o salário. Por outro lado, quando o clube despede o empregado, tem que pagar a chamada cláusula compensatória, até quatrocentas vezes o salário do atleta, mas que tem um piso (total dos salários restantes até o final do contrato)".

Apesar de ter o objetivo de sanar conflitos, a criação dessas cláusulas resguarda críticas, como elucida João Chiminazzo na desproporção prática do momento de pagamento: "para o atleta ter condição de jogar em outro clube, ele tem que comprovar o pagamento da cláusula indenizatória desportiva, mas quando o atleta é demitido, para que o clube contrate um outro jogador no seu lugar, não é obrigatório o pagamento da cláusula compensatória desportiva, ou seja, o atleta vai discutir em juízo, isso vai se estender por anos até que se tenha uma decisão favorável ao atleta para que ele possa receber".

Para polemizar ainda mais, tem sido amplamente discutida na Câmara dos Deputados, a redução do piso da Cláusula Compensatória Desportiva. A nova redação coloca que o clube deverá pagar apenas 50% dos salários restantes até o término do contrato. Tal modificação é motivo de protestos pelos jogadores brasileiros e também por Chiminazzo: "primeiro, nós temos aí o princípio do não retrocesso social, ou seja, não posso retirar o direito de um trabalhador sem em tese, falando aqui de forma muito simplória, oferecer nada em troca".

Chiminazzo, que advoga para muitos atletas de futebol, inclusive, explica detalhadamente a razão desse possível retrocesso: "essa alteração de lei traz na verdade dois prejuízos aos atletas, porque ela reduz o limite mínimo da multa e permite o pagamento desta multa de forma parcelada, ou seja, uma multa que hoje eu teria que pagar o valor de 100% como mínimo do salário e à vista, eu permito que seja pago 50% de forma parcelada". Ele assusta-se ainda mais pela justificativa dos parlamentares que defendem a medida que se baseia "para que a Lei Pelé seja adaptada à CLT, em seu artigo 479, que tem esse mesmo texto". Na mesma linha de raciocínio, Chiminazzo retruca: "por que não fazer em tal alteração da cláusula indenizatória para se adequar ao artigo 480 da CLT, já que nós precisamos ter isonomia no tratamento das partes? É isso que eu brigo muito, acho que os tratamentos não são idênticos, eles são na verdade muito distanciados".

No seio dessa discussão, é imprescindível levar em consideração a realidade da maioria dos atletas, como admite o professor Domingos Zainaghi, ao revelar que em seu escritório possui várias "causas de jogadores que ganham um salário-mínimo". Pesquisas recentes[3] mostram que cerca de 55% dos jogadores brasileiros ganham exatamente um salário-mínimo e, portanto, "o futebol não é feito desse atletas que ganham milhares, milhões, e, sim, de atletas de clubes pequenos, de atletas que não têm o que comer, que têm que sustentar toda a sua família, e essa redução é impactante", argumenta Chiminazzo.

3.7 DIREITO DE IMAGEM E DIREITO DE ARENA

O direito de imagem, definitivamente, reserva-nos diversas polêmicas e discussões. Já abordamos um pouco da sua relação com o direito tributário e introduzimos seus paralelos ao direito do trabalho, o qual aprofundaremos a partir de agora.

Como já definimos anteriormente, a cessão do direito de imagem é um contrato de natureza civil, com respaldo na Constituição Federal de 1988 e também no Código Civil. Paga-se o atleta para utilização comercial e publicitária de sua imagem.

Chiminazzo conta que "basicamente o direito de imagem surge lá no final da década de 90, em Minas Gerais, quando os jogadores estavam indo para Europa. O Brasil perdia financeiramente para a Europa e tentou esse mecanismo para prender os jogadores no Brasil com um maior valor líquido que eles recebessem por mês". Assim, criou-se o "direito de imagem no qual a redução de impostos é melhor e o atleta receberia o valor líquido maior. E o atleta, na sua grande maioria, ingênuo, acreditou nessa história. Já digo, se tiver algum atleta assistindo, direito de imagem não é vantajoso e não é vantajoso para ninguém", complementou.

A discussão dessa possível desvantagem é assídua e Domingos Zainaghi comenta e faz ressalvas conceituais, ao dizer que "usamos o termo equivocado, que é o 'Cessão do Uso de Imagem', que ninguém tem como ceder sua imagem de forma total". Em princípio, esse contrato civil não teria importância ao direito do trabalho, mas o professor afirma que "depois, passou a ter interesse a partir do momento que foi usado como fraude".

A fraude trabalhista pode ser caracterizada, porque, em muitos casos, o valor pago pelo direito de imagem é utilizado como uma forma de reduzir o valor do salário que o jogador recebe em carteira de trabalho. Zainaghi exemplifica-nos: "o atleta ganha 200 mil por mês, mas tem que recolher FGTS, 13º". Isto acontece, pois como o direito de imagem não é considerado salário, sobre o qual não incidem encargos trabalhistas e gera uma economia significativa ao clube.

Zainaghi entende que "estaria tudo bem se o clube usasse a imagem do atleta e, quando ele não faz isso, é fraude, pois as pessoas se esquecem que quem vai julgar é o juiz do trabalho, e não se pode usar o direito como abuso de direito". Chiminazzo lembra de casos bizarros em que um treinador "tinha contrato de imagem com empresa que tinha como objeto social um buffet de festa infantil".

Em 2015, como já elucidamos, uma alteração na Lei Pelé criou um limitador de 40% do salário que poderia ser pago em imagem, mas, para Chiminazzo, isto é "legalizar a fraude". Ele aproveitou para questionar: "se o Atlético-MG hoje quiser trazer de volta o Ronaldinho Gaúcho, você acha que a imagem dele vale só 40% e o futebol vale 60%, ou a imagem dele vale muito mais? O Atlético não poderia pagar muito mais porque a lei não permite?".

Por outra ótica, atletas desconhecidos, que recebam no limite permitido pela lei, também são alvos de críticas por Chiminazzo, já que o "Zezinho das Couves que ninguém conhece a imagem dele, não vale 40%, mas quando o clube faz essa contratação, infelizmente, o poder judiciário tem dito que está respeitando o limite". Na mesma linha de Zainaghi, Chiminazzo concorda que "o direito de imagem, se for devidamente explorado, se for devidamente utilizado enquanto imagem, eu acho que não tem problema ter uma limitação até maior".

Falemos agora sobre o direito de arena, uma norma que garante aos jogadores de futebol o recebimento de uma porcentagem dos valores arrecadados com a transmissão ou reprodução de imagens de suas partidas.

A criação desse mecanismo está associada às mudanças do futebol ao longo do tempo, principalmente através da popularização da televisão, como dissertou Domingos Zainaghi: "o futebol quando passava na televisão, as TVs não pagavam nada para os clubes, era uma época que não existia patrocinador, e os clubes só se valiam dos ingressos".

As companhias de TV ganhavam muito dinheiro, até que nos anos 70, os clubes chegaram à conclusão que não se poderia ter mais jogos sem autorização dos mesmos e uma lei de 1973 instituiu que 20% do valor que os clubes recebiam autorizando a transmissão de uma partida deveria ser dividido entre os atletas. Depois, Zainaghi conta-nos que "veio uma lei de 2011 e diz que o Direito de Arena cai para 5% e não tem mais natureza jurídica remuneratória, significando um retrocesso social de quatro décadas do trabalhador, reduzindo esse valor e ainda por cima diz que a natureza jurídica não é salarial".

3.8 *FAIR PLAY* FINANCEIRO

O Fair Play Financeiro é um termo utilizado no futebol para se referir ao conjunto de regras e regulamentos que têm como objetivo garantir que os clubes operem com responsabilidade financeira e evitem gastos excessivos que possam prejudicar a estabilidade do esporte. O objetivo final é promover a estabilidade financeira do futebol, garantindo que os clubes sejam administrados de forma sustentável e responsável. Isso beneficia a todos os envolvidos no esporte, incluindo jogadores, torcedores e às próprias instituições esportivas.

Um dos pontos de melhoria mais alarmantes no futebol brasileiro, para o Dr. Chiminazzo, é justamente este, mas pondera que "hoje algumas pessoas defendem que existe o fair play financeiro porque o clube pode perder pontos se tiver com salário atrasado, porque isso tem previsão em regulamento de competição, mas eu acho que expor o atleta a fazer esse tipo de denúncia é uma covardia muito grande". Para ele, "esse compromisso do pagamento das contas em dia, não deve expor o atleta, deve ser algo via sistema, o futebol vai ser melhor para todo mundo".

O advogado e professor Felipe Mourão destaca que a fiscalização e a legislação do fair play são mais bem aplicadas na Europa: "ela determina que as despesas dos clubes têm que ser menores do que a receita, ou seja, os clubes não podem gastar mais do que eles recebem e tem uma série de cálculos que eles fazem, de índices, de coeficientes para medir". Mourão explica que as entidades que organizam o futebol podem punir os clubes e que "essas sanções vão desde advertência, uma multa nesses valores expressivos, suspensões de competições, até perda de um eventual título de Champions League, sendo que as advertências elas são escalonadas de acordo com a gravidade da conduta".

Para concluir a temática, o célebre advogado Marcos Motta, sócio do escritório Bichara & Motta, é enfático: "o Fair Play financeiro é uma ferramenta que mudou o cenário do futebol europeu. Não vou ficar me estendendo muito, os estudos estão todos publicados aí, sugiro que procurem no site da UEFA. No Brasil, nós temos a obrigação de implementar o fair play financeiro. Detalhe, o fair play financeiro é parte de um sistema de licenciamento. Ele não é sozinho. E ele é fundamental. É uma coisa tão óbvia que não se pode gastar mais do que se arrecada. Até na nossa vida privada. Não se deve gastar mais do que se arrecada".

3.9 JUSTIÇA DESPORTIVA

A Justiça Desportiva é um sistema jurídico específico para aplicar as regras e normas das competições esportivas no país. Ela é responsável por julgar as infrações cometidas por atletas, clubes, dirigentes e demais envolvidos no esporte. Portanto, como elucida o advogado Gabriel Cunha, auditor do TJD/MG e procurador-geral à época da *live*: "a competência da justiça desportiva é apreciar as questões relacionadas à disciplina do esporte".

O competente professor e advogado Dr. Maurício Corrêa da Veiga aponta-nos de forma cirúrgica a previsão constitucional da justiça desportiva no artigo 217: "essa previsão constitucional é fundamental, é um artigo de vanguarda, são poucas as constituições que possuem a justiça desportiva autônoma a nível constitucional".

Além da previsão constitucional, certamente podemos nos orgulhar da formatação da justiça desportiva brasileira, "porque ela é conhecida no mundo inteiro como uma justiça desportiva muito sofisticada", conta o ex-presidente do IBDD, Dr. Leonardo Andreotti. Ele ainda defende que é "um modelo exportável e que em termos de democracia, enquanto outros estados nacionais entendem a justiça desportiva local da Federação como uma justiça desportiva privada, nós temos uma intervenção até bastante relevante no sentido de que a Lei Pelé determina qual a composição de uma entidade disciplinar, dentro de uma federação".

Cada esporte possui sua própria justiça desportiva, mas todas são submetidas ao CBJD (Código Brasileiro de Justiça Desportiva), que delimita as regras e os procedimentos para a justiça desportiva no Brasil, estabelecendo, por exemplo, os tipos de infrações e suas respectivas punições. A sua última atualização foi em 2009, fato que resguarda sugestões de Andreotti, afirmando que "já chegou o momento de uma nova reforma que possa eventualmente trazer uma realidade presente para essa normatização".

Apesar de considerar um bom código, Paulo Schmitt, que foi procurador-geral do STJD por muitos anos, concorda que o CBJD "merece ser aperfeiçoado e que possui uma parte processual muito boa, uma parte de infrações materiais, mas que precisa de ajustes, e inclusive está demorando, pois o esporte é dinâmico, e isso afeta a necessidade de reformulações". O competente advogado e ex-superintendente jurídico do Cruzeiro, que atualmente é Desembargador do TRF 6, Dr. Flávio Boson, lembra-nos que "o famoso CBJD é uma resolução, não é uma Lei, é editado pelo Conselho Nacional do Esporte" e diz que é basicamente uma "mistura de código de processo penal e código penal, pois em uma metade indica o procedimento e na outra metade as condutas típicas e penas".

Ao avançar no tema, é importante destacar que a Justiça Desportiva possui seus próprios princípios e regulamentos, sendo a autonomia uma das mais importantes, garantida pelo artigo 217, §1º e §2º da Constituição Federal de 1988. Um aspecto fundamental é que os litígios desportivos passem por todas as instâncias da Justiça Desportiva antes de serem levados à Justiça Comum, conforme destacado pelo Dr. Flávio Boson: "a justiça desportiva é uma justiça privada. Ela não pode ter, de nenhuma forma, intervenção estatal. Mas, apesar de ser uma justiça privada, ela tem uma previsão constitucional, no artigo 217. Lá está a autonomia da justiça desportiva, como órgão capaz de resolver os litígios referentes à disciplina das competições".

Para que o leitor entenda, o tribunal desportivo "é um órgão que não faz parte do poder judiciário - da justiça comum - ele é separado, é autônomo, ligado à federação no caso do TJD e à CBF no caso do STJD", como explica Gabriel Cunha. E depois complementa que "se a gente pudesse submeter questão de cartão vermelho, por exemplo, à justiça comum, inviabilizaria completamente a realização das competições esportivas". Isso acontece, pois o poder judiciário, além de não conseguir dirimir os conflitos com celeridade, também não possui conhecimento específico da legislação desportiva.

Como já foi abordado, a justiça desportiva tem sua configuração definida pela Lei Pelé, no artigo 52, como destaca Boson: "cada órgão tem dois graus de jurisdição: as comissões disciplinares e, em grau recursal, o tribunal pleno, isso nos tribunais locais e no âmbito da CBF, no caso do futebol, o STJD também faz um terceiro grau nos casos regionais que chegam através de recurso". Cada comissão disciplinar é composta por cinco auditores, enquanto o tribunal pleno possui nove membros, conforme Boson acrescenta: "o funcionamento se dá por denúncias pelos procuradores, seja por análise da súmula ou qualquer outro meio de prova, e distribui-se para julgamento dos auditores. Todos os atos são praticados em uma única audiência e são julgados por um mesmo colegiado, mesmo nas comissões disciplinares".

Gabriel Cunha detalha-nos um pouco mais das funções, ao dizer que o "tribunal tem três funções ali dentro, a função do auditor, que é o julgador/ juiz; existem os procuradores, que são aqueles responsáveis por formular as denúncias e as acusações àqueles que descumprem o CBJD; e existem também os advogados, sejam os advogados particulares dos clubes ou os advogados dativos que são aqueles que integram os quadros da advocacia do tribunal para aqueles que não têm condições de arcar com uma defesa técnica".

Sobre as funções, Boson exalta a função do defensor dativo, que "é uma função no direito desportivo que às vezes as pessoas pouco conhecem, que funciona como um defensor público atuando na defesa daqueles que não possuem condições e obrigatoriamente nos casos em que há um menor de idade, que a justiça entende que o mesmo não pode abrir mão de sua defesa e ser julgado à revelia".

Importante salientar que todos esses cargos são ausentes de remuneração, mas devem possuir acesso a jogos de acordo com a competência jurisdicional da função, como no caso "da federação mineira de futebol, que todos que atuam no tribunal mineiro têm direito de ingressar gratuitamente nas partidas organizadas pela entidade, sendo vedado ao clube ou a qualquer pessoa impedir o ingresso dessas pessoas que integram os quadros do tribunal", destaca Cunha, e depois brinca "que é a única remuneração, digamos, assim, que na verdade é viabilizar o exercício da função". Nessa linha, ele destaca a importância da vivência no meio do futebol, pois de "nada adianta você ficar sentado atrás de uma cadeira, decidindo os casos que acontecem na vida real, sendo muito importante saber como funcionam, estar no dia a dia do futebol, presente nos estádios, ver o comportamento das torcidas, como o futebol está acontecendo in loco".

Já foi explicado então que, a partir da denúncia, "faz-se a distribuição da mesma e o relator recebe a denúncia, que é pautada", explica Boson, esmiuçando que "tudo se reúne em um só ato, ou seja, no dia da sessão faz-se o relatório, produzem-se as provas, argumentam-se a procuradoria e a defesa, e ao final profere-se um julgamento que é sempre colegiado". Cunha rememora que a "denúncia é privativa da procuradora, somente o procurador pode denunciar um atleta, um clube, dirigente, técnico, entre outros. Caso um dirigente tenha conhecimento de uma conduta, ele pode apresentar uma notícia de infração, e o procurador, tomando conhecimento do fato, vai decidir se denuncia ou não". Após a denúncia, "as intimações são feitas pela secretaria do tribunal, que manda um e-mail para o clube que vai informar aos seus membros", complementa Gabriel Cunha.

Nos últimos tempos, a Justiça Desportiva tem, corretamente, debruçado-se sobre questões de discriminação social, como racismo e homofobia. Boson rechaça veementemente "esse tipo de comportamento" e lembra que "existe a previsão no artigo 243G do CBJD acerca da não aceitação de comportamentos discriminatórios a sexo, raça, cor, credo, e que é passível de punição aos envolvidos". A orientação para não haver tolerância é reforçada inclusive pelas entidades de administração do desporto, encabeçada pela Fifa. Os clubes também têm se preocupado com isto, como narra Boson sobre "um caso do Atlético Mineiro e o competente Lucas Ottoni que trouxe várias campanhas feitas pelo clube no sentido de pautar o tema com os torcedores".

Antes de encerrarmos a temática da justiça desportiva, é agradável trazer à baila mais um assunto: o efeito suspensivo. Esse tema reserva controvérsias e consiste na possibilidade de um atleta ou clube recorrer a uma decisão da justiça desportiva e, ao mesmo tempo, suspender os efeitos da punição até que a decisão final seja tomada. Por um lado, há quem defenda a medida como uma forma de garantir o direito de defesa no processo, permitindo que o jogador ou time não sofra os efeitos da punição até o recurso ser julgado, o que pode demorar um pouco. Entretanto críticos argumentam que isto seria uma forma de ludibriar a sanção estabelecida, abalando a efetividade e a credibilidade da mesma.

Sobre o efeito suspensivo, Boson nos dá uma verdadeira aula, transcrito *ipsis verbis*, a seguir: "Eu vejo com absoluta naturalidade, e é interessante vermos, que na Lei Pelé isto é frisado que será sempre assegurado a ampla defesa e o contraditório e eu acredito que só se venha perfazer isto ao máximo se for assegurado o duplo grau de jurisdição. Eu entendo como uma garantia em todos os setores e há entendimentos inclusive de normas internacionais nesse sentido, de que é sempre necessário a reanálise por julgadores diferentes. O efeito suspensivo é um instrumento natural, salutar e democrático".

A Justiça Desportiva é a base para a equidade e a integridade no esporte. É o que garante que o jogo seja jogado de acordo com as regras e que as penalidades sejam aplicadas de forma justa. Sem ela, o esporte perderia seu valor e significado. Além disso, é uma grande paixão dos operadores do direito, "essa coisa de justiça desportiva é uma cachaça", brinca Paulo Schmitt.

3.10 RESOLUÇÃO DE DISPUTAS

A discussão de litígios no mundo jurídico passa por vários desafios, entre eles um em comum, seja para o esporte ou até mesmo fora dele: a celeridade. Obviamente, que essa celeridade precisa estar acompanhada de segurança jurídica, o que faz com que a arbitragem, um método alternativo de resolução de conflitos, esteja em pleno crescimento. Basicamente, consiste em terceiros neutros e imparciais, chamados árbitros, para resolver disputas entre as partes em conflitos.

No Brasil, criou-se recentemente a Comissão Nacional de Resolução de Disputas (CNRD), responsável por receber e julgar demandas que envolvem clubes, jogadores, intermediários, técnicos, entre outros. Como destaca Rafael Fachada, coordenador da CNRD, "a entidade tem um nome muito autoexplicativo, ou seja, tem o objetivo de resolver disputas". Ele complementa ao dizer que "nosso objetivo não é entregar a sentença, não é aplicar sanção, tem todo um conjunto de procedimentos, que podem resultar na resolução da disputa, buscando sempre fortalecer e encorajar os acordos. É um processo menos custoso e com decisões prolatadas por especialistas que conhecem as especificidades do tema".

A CNRD é composta por um corpo de cinco árbitros, indicados por cinco entidades: CBF, atletas, clubes, treinadores e intermediários. Fachada exalta que "todos os julgamentos se dão dentro desse colegiado, com isso respeitando a paridade necessária, sendo muito mais do que só a competência que todos têm, pois até para entrar e passar pelo crivo é preciso conhecer um pouco do bastidor". Todo esse processo estabelecido fortalece a confiabilidade do mecanismo, que serve não para substituir o judiciário, mas para ajudar.

Atualmente, o regulamento da CNRD prevê dois procedimentos: ordinário e especial. O procedimento especial, basicamente, é "o meio associativo olhando para os regulamentos e verificando se eles foram cumpridos pelas pessoas que estão associadas", explica Fachada. Em resumo, a CBF tem hoje dois regulamentos principais: o Regulamento Nacional de Intermediários (RNI) e o Regulamento Nacional de Registro e Transferência de Atletas (RNTA). A partir disso, se houver algum descumprimento, a CBF pode fazer uma investigação prévia e encaminhar ao CNRD. Fachada descreve de forma pormenorizada: "o procedimento especial começa no momento que esse processo chega, antes disso é tudo administrativo na CBF, uma vez que chega na Câmara começa-se a analisar se houve violação, bem como os prazos para as partes apresentarem prova".

A título de ilustração, pode-se mencionar os casos mais frequentemente julgados, a exemplo das transferências conhecidas como "ponte", nas quais um jogador se transfere do clube A para um clube intermediário B (ponte ou hospedeiro), com o intuito de ser posteriormente repassado ao clube C (destino final). Essas situações evidenciam com clareza que a transferência ao clube B não possui qualquer finalidade esportiva.

Por sua vez, o procedimento ordinário é um procedimento de cobrança, "é um clube, atleta ou treinador cobrando o pagamento que está em obrigação, podendo estar no contrato ou em regulamento", expõe Fachada. Ele ainda menciona o mecanismo de solidariedade em que "ao invés de recorrer à FIFA, se os dois clubes forem brasileiros, pode-se recorrer à CNRD para cobrar o valor".

A CNRD tem adotado como característica sanções com caráter pedagógico, com o objetivo de fomentar a evolução da indústria, e Fachada indica que "resolver uma disputa geralmente não envolve punição, pois a sanção atrapalha esta resolução, exceto em situações mais drásticas". Ele informa que "70% das sanções são advertências, que costuma ser o suficiente para resolver o problema". A desfiliação de um clube é tida como a punição mais radical que pode acontecer.

A nível internacional, antes de adentrarmos no TAS (Tribunal Arbitral do Esporte), Fachada explana que "todo país tem uma CNRD e que a existência foi uma obrigação imposta pela FIFA, para descentralizar a disputa. Na prática, alguns países investem mais na CNRD, outros menos". Um ponto importante a se escrever é que se há envolvimento de clube estrangeiro, via de regra, as Câmaras Nacionais não possuem jurisdição.

A partir deste momento, com a discussão internacional, pautamos o tão falado TAS (Tribunal Arbitral do Esporte), sediado na Suíça, também chamado de CAS (Corte Arbitral do Esporte). O ex-presidente do IBDD, Leonardo Andreotti, explica que o órgão surgiu em razão da necessidade de legitimação internacional: "a necessidade surge com a legitimidade das decisões das federações internacionais. Elas não tinham um órgão que pudesse rever a decisão. Quando o COI (Comitê Olímpico Internacional) cria o TAS, ele traz essa esfera de discussão em um órgão independente". Andreotti não titubeia em rasgar elogios ao dizer que "é o modelo que, com todas as críticas, com seus defeitos e erros, deu certo".

Tanto a nível internacional, com o TAS, como também no âmbito nacional, liderado pela CNRD, a arbitragem destaca-se como uma maneira segura, ágil e eficaz de resolver disputas esportivas, com árbitros experientes e familiarizados com as peculiaridades inerentes ao esporte moderno. Vale destacar a existência também do Fifa Football Tribunal, que, sendo eleito pelas partes como tribunal competente, e havendo uma dimensão internacional na disputa, é o tribunal competente para dirimir o conflito em primeira instância, sendo o CAS/TAS o tribunal de segunda e última instância nesse caso.

3.11 JOGOS ELETRÔNICOS

Os jogos eletrônicos, ou e-sports, no Brasil, é um tema que vem ganhando cada vez mais repercussão jurídica, uma vez que o setor movimenta muito dinheiro. A expectativa é que até 2026 o setor tenha uma receita total de R$ 13 bilhões[22] no nosso mercado interno.

O leitor deve estar se perguntando, também, por qual razão da pauta sobre jogos eletrônicos em um livro majoritariamente sobre futebol. Acontece que esse *market share* econômico do setor, só tem tamanha proporção pela aderência das pessoas ao mercado. O futebol, através da CBF e dos clubes, tem se movimentado e buscado participar dos jogos eletrônicos com a criação de equipes, tendo a finalidade de não perder consumidores/espectadores de um esporte para outro. Há uma corrida para que o futebol não perca tanta audiência para os famigerados e-sports.

[22] FLEURE, Amanda. Em quatro anos, mercado de games e eSports deve dobrar no Brasil. *Uol, Tilt*, [*s. l.*], 2 dez. 2022. Disponível em: https://www.uol.com.br/tilt/noticias/redacao/2022/12/02/exclusivo-mercado-de-games-e-esports-deve-dobrar-no-brasil-em-quatro-anos.htm. Acesso em: 30 jan. 2024.

Marcos Motta, um dos mais reconhecidos advogados desportivos do mundo, discorda que "os jovens não assistem mais futebol", explicando que assistem "de uma maneira diferente". Para ele, é importante que o futebol venda conteúdo, "não importa a plataforma, seja por um streaming, seja por um aplicativo, é assim que ela tem que ser". Nesse sentido, os games ensinam muito sobre entretenimento: "não existe nada melhor do que você colocar aquele óculos e virar o super-homem, virar um sniper, isso é experiência".

Fica elucidado que clube brasileiro que não abraçar essa gamificação, "vai perder o bonde da história", como ressalta Motta e conclui na sequência: "se o clube não tem capacidade de fazer, terceiriza. Existem empresas espetaculares. Eu vejo clubes alardeando: 'somos mais de 100 mil torcedores!'. Quem são eles? O que eles gostam? Ter milhares de assinantes no seu sócio torcedor, e não saber quem eles são, é a mesma coisa de você ser milionário no jogo banco imobiliário, ou seja, não serve para nada".

Esmiuçada a referida importância dos games, incluímos doravante nesse "jogo" o competente juiz do trabalho Ricardo Miguel, autor do livro *O Enquadramento Jurídico do Esporte Eletrônico*, que explica o enorme embaraço sobre a "necessidade dele se tornar uma modalidade de prática esportiva, com uma série de implicações, no momento em que os atletas saem de uma equipe e vão para outra, sendo preciso estabelecer qual tipo de contrato tem aquele atleta, se terá direito de imagem. Tem mil questões jurídicas, desde as questões trabalhistas até mesmo as de propriedade intelectual".

Para Miguel, uma nova legislação, talvez, não seria o caso, pois "você pode aplicar o ordenamento preexistente, a Lei Pelé, para regular estas transações, pois o e-sports é muito similar ao futebol com as questões das transações. A solução seria aplicar o mesmo regramento". Ele ainda explica a existência de dois modelos de trabalho, um seria o de home office (atleta em casa), e o outro de game house, no qual os atletas ficam em uma casa com toda estrutura de cuidado a eles fornecido pelo empregador.

O juiz reforça que "as equipes têm tomado um cuidado para serem oito horas de trabalho efetivo, cuidado com os treinos, pois os atletas podem ter problema de esforço repetitivo". No Brasil, atualmente, existem cerca de três projetos de lei para reconhecimento do e-sports como esporte, mas, novamente, Miguel faz um alerta "que não se deve regular muito, pois os estudiosos da sociologia apontam que muita legislação é prejudicial", e repete: "é melhor aplicar a legislação já existente".

Importante salientar que o reconhecimento como modalidade esportiva é necessário para que o ambiente dos jogos eletrônicos tenha segurança jurídica. A consequência desse reconhecimento é a possibilidade de utilização do Bolsa Atleta e outras modalidades de recursos públicos. Ao mesmo tempo, um dos problemas, é de que "você tem o dono do jogo, a propriedade intelectual é um entrave, pois a regra é do desenvolvedor dele", enfatiza Miguel.

Pelo lado do atleta, o juiz ainda memoriza que "havia um preconceito grande, de que quem joga esporte eletrônico não é saudável, não pega sol e se alimenta mal", mas frisa que "isso acabou, pois se você não tem estrutura física para segurar horas e horas de jogo sob tensão, se não fizer exercício físico e se alimentar bem, não conseguirá", finalizando ao apontar, também, a existência já de *personal trainer* especializado para a fisiologia do desporto eletrônico.

O potencial do mercado de e-sports no Brasil é incontestável. O país já possui uma grande base de jogadores e fãs, além de uma indústria de tecnologia em expansão. Com o correto enquadramento legal, o Brasil pode se tornar um importante player do mercado global e atrair investimentos e eventos internacionais.

REFERÊNCIAS

AMORIM, Carlos Vinicius. Na era da saúde mental, metade dos clubes do Brasileirão não tem psicólogos no time profissional. *Trivela*, [*s. l.*], 11 set. 2023. Disponível em: https://trivela.com.br/brasil/campeonato-brasileiro/brasileirao-psicologo-saude-mental/. Acesso em: 31 jan. 2024.

ANDRADE, Domitila. Pedro Trengrouse: "O futebol gera 370 mil empregos e poderia gerar mais de 3 milhões". *O Povo*, [*s. l.*], 28 set. 2019. Disponível em: https://mais.opovo.com.br/jornal/reportagem/2019/09/28/pedro-tengrouse---o-futebol-gera-370-mil-empregos-e-poderia-gerar-mais-de-3-milhoes.html. Acesso em: 30 jan. 2024.

BOZSIK, József. Entre a bola e o homem há o espaço e o tempo: ataque posicional, jogo de posição e ataque funcional. *Medium*, [*s. l.*], 27 abr. 2018. Disponível em: https://medium.com/@Jozsef_Bozsik/entre-a-bola-e-o-homem-h%C3%A1-o-espa%C3%A7o-e-o-tempo-ataque-posicional-jogo-de-posi%C3%A7%C3%A3o-e-ataque-89fd98088355. Acesso em: 1 fev. 2024.

BOZSIK, József. Entre a bola e o homem há o espaço e o tempo: ataque posicional, jogo de posição e ataque funcional. *Medium*, [*s. l.*], 27 abr. 2018. Disponível em: https://medium.com/@Jozsef_Bozsik/entre-a-bola-e-o-homem-h%C3%A1-o-espa%C3%A7o-e-o-tempo-ataque-posicional-jogo-de-posi%C3%A7%C3%A3o-e-ataque-89fd98088355. Acesso em: 1 fev. 2024.

BRASIL. *Lei nº 14.597, de 14 de junho de 2023.* Institui a Lei Geral do Esporte. Brasília, DF: Presidência da República, 2023. Disponível em: https://www.planalto.gov.br/ccivil_03/_ato2023-2026/2023/lei/l14597.htm. Acesso em: 3 jul. 2024.

CARSON, Mike. *Os Campeões*. Caxias do Sul: Editora Belas Letras, 2015

CARVALHAL, Carlos; LAGE, Bruno; OLIVEIRA, João Mário Futebol. *Um Saber Sobre o Saber Fazer*. 2. ed. Lisboa: Prime Book, 2014.

CBF ACADEMY. *Glossário CBF Academy*. 2020. Disponível em: https://www.cbf.com.br/cbfacademy/pt-br/noticias/241-ebook-glossario-do-futebol-brasileiro. Acesso em: 1 fev. 2024.

CBF ACADEMY. *Glossário CBF Academy*. 2020. Disponível em: https://www.cbf.com.br/cbfacademy/pt-br/noticias/241-ebook-glossario-do-futebol-brasileiro. Acesso em: 1 fev. 2024.

CBF ACADEMY. *Glossário CBF Academy*. 2020. Disponível em: https://www.cbf.com.br/cbfacademy/pt-br/noticias/241-ebook-glossario-do-futebol-brasileiro. Acesso em: 1 fev. 2024.

DRUBSCKY, Ricardo. *Universo Tático do Futebol*. 2. ed. ampliada. Belo Horizonte: Editora Escola Brasileira, 2014.

FERGUSON, Alex; MORITZ, Michael. *Liderança*. Rio de Janeiro: Editora Intrínseca, 2016.

FLEURE, Amanda. Em quatro anos, mercado de games e eSports deve dobrar no Brasil. *Uol, Tilt*, [*s. l.*], 2 dez. 2022. Disponível em: https://www.uol.com.br/tilt/noticias/redacao/2022/12/02/exclusivo-mercado-de-games-e-esports-deve-dobrar-no-brasil-em-quatro-anos.htm. Acesso em: 30 jan. 2024.

MASSON, Celso. Conselhos de Clarice. *Isto É*, [*s. l.*], 19 maio 2017. Disponível em: https://istoe.com.br/conselhos-de-clarice/#:~:text=%E2%80%9CMude%2C%20mas%20comece%20devagar%2C,poema%20do%20autor%20Edson%20Marque. Acesso em: 5 out. 2023.

MATTOS, Rodrigo. Futebol movimenta R$53 bi na economia do Brasil, mas só gera 1% de imposto. *Uol*, [*s. l.*], 13 dez. 2019. Disponível em: https://rodrigomattos.blogosfera.uol.com.br/2019/12/13/futebol-movimenta-r-53- bi-na-economia-do-brasil-mas-so-gera-1-de-imposto/. Acesso em: 30 jan. 2024.

PERARNAU, Martí. *Guardiola Confidencial*. Campinas: Editora Grande Área, 2015.

REIS, Marcos; ALMEIDA, Marcos. *Futebol, Arte e Ciência* - Construção de um Modelo de Jogo. Natal: Editora Primeiro Lugar, 2019.

SERRA, Agustin Peraita. *Espaços de Fase* - Como Paco Seirul-lo mudou a tática para sempre. Porto Alegre, 2021.

SERRA, Agustin Peraita. *Espaços de Fase* - Como Paco Seirul-lo mudou a tática para sempre. Porto Alegre, 2021.

SUHRE, Christopher. Qual diferença entre Jogo de Posição e Ataque Posicional? *Ciência da Bola*, [*s. l.*], 6 abr. 2024. Disponível em: https://www.cienciadabola.com.br/blog/jogo-posicional-ataque-posicional. Acesso em: 3 nov. 2023.

TEOLDO, Israel; GUILHERME, José; GARGANTA, Júlio. *Para um futebol jogado com ideias*. 2. ed. Curitiba: Editora Appris, 2021